Low Carb Meeresfrüchte- und Fischrezepte

Entdecke die Geheimnisse der unglaublich kohlenhydratarmen Fischgerichte für deine Keto Lebensart

Von: Amy Moore

© Copyright 2019 : Amy Moore – Alle Rechte vorbehalten

Der Inhalt dieses Buches darf ohne schriftliche Genehmigung der Schriftstellerin oder des Verlegers nicht kopiert, dupliziert oder übermittelt werden.

Unter keinen Umständen übernehmen der Verleger oder die Schriftstellerin Verantwortung für Schaden, Entschädigung oder Geldverluste aufgrund der Information in diesem Buch, weder direkt oder indirekt.

<u>Impressum:</u>

Dieses Buch ist urheberrechtlich geschützt. Es ist nur für den persönlichen Gebrauch vorgesehen. Es ist verboten, ohne Genehmigung der Schriftstellerin oder des Verlegers, den Inhalt dieses Buches, im Ganzen oder teilweise, zu ändern, verteilen, verkaufen, benutzen, zitieren oder zu paraphrasieren.

<u>Ausschlussklausel:</u>

Bitte beachten Sie, dass die Information in diesem Buch nur zum Bildungs-und-Unterhaltungszweck vorgesehen ist. Alle Aufwände wurden gemacht, um genaue, aktuelle, zuverlässige und vollständige Auskünfte zu präsentieren. Ohne Gewähr. Der Leser erkennt an, dass die Schriftstellerin nicht versucht gesetzlichen, finanziellen, medizinischen oder sachkundigen Rat zu geben. Der Inhalt dieses Buches stammt von verschiedenen Quellen. Bitte lassen Sie sich von einem zugelassenen Experten beraten, bevor sie die in diesem Buch beschriebenen Techniken versuchen.

Indem der Leser dieses Buch weiterhin benutzt, stimmt er zu, dass die Schriftstellerin unter keinen Umständen für direkte oder indirekte Verluste verantwortlich ist, die durch die Benutzung der Anweisungen in diesem Dokument entstehen, einschließlich, aber nicht ausschließlich, durch eventuelle Fehler, Auslassungen oder Ungenauigkeiten.

Amerikanischer Originaltitel: Keto Seafood and Fish Recipes

Deutsche Bearbeitung: Ingrid Taylor

Inhaltsangabe

Einführung: Fisch und Meeresfrüchte während der Keto-Diät genießen

Kapitel 1: Welche Fischarten können Sie bei der Keto-Diät essen?

Wähle aus diesen Fischarten

Fischarten, welche man einschränken oder vermeiden sollte

Vorteile des Fischkonsums

Tipps zum Frischfischkauf

Kapitel 2: Welche Meeresfruchtarten sind für die Keto-Diät geeignet?

Meeresfruchtarten zum Essen

Meeresfruchtarten, welche Sie vermeiden oder einschränken sollten

Vorteile von Meeresfrüchten

Tipps zum Einkauf frischer Meeresfrüchte

Kapitel 3: Keto konforme Fisch-Rezepte

Gebackener Lachs mit Gurkennudeln und Thymian-Ghee

Mahi-Mahi mit Beurre Blanc

Thunfisch mit Geröstetem Brokkoli und Blumenkohl

Weißfisch Frikadellen mit Aioli

Gebackener Wildlachs mit Fenchel und Spargel

Gebratene Sardinen and Oliven

Gebackener Heilbutt mit Parmesankruste

Würziger Thunfisch mit Gurkenrollen

Heilbutt Ceviche

Räucherlachs-Salat mit Pfefferkörnern

Geschwärzte Tilapia Tacos

Gebratener Kabeljau

Gebackener Seebarsch mit Pesto

Gegrillter Schwertfisch am Spieß

Heilbutt Asado

Kapitel 4: Keto konforme Meeresfrüchte-Rezepte

Gebratene Jakobsmuscheln mit Wasabi Mayonnaise

Avocado mit Hummerfüllung

Mexikanische Garnelen Gazpacho

Manhattan Clam Chowder

Gebratene Softshell Krabbe

Cajun-Garnelen in Poblano-Chilis

Hummer Cobb Salat

Würziges Austern Ragout

Gebratene Jakobsmuscheln mit Knoblauch-Zitronen-Butter

Pilze mit Krabben- und Schinkenspeck-Füllung

Gemischter Meeresfrüchte Schmortopf

Shirataki Garnelen Pad Thai

Gebackene Hummerschwänze mit Knoblauch-Butter

Garnelen und Maisgrütze mit Rucola (Rauke)

Zoodles und Garnelen in Heller Soße

Schlussbemerkung: Es ist an der Zeit, sich in der Küche an die Arbeit zu machen

Einführung: Fisch und Meeresfrüchte während der Keto-Diät genießen

Die Keto-Diät ist eine kohlenhydratarme, fettreiche Diät, welche es Ihnen ermöglicht, verschiedene Arten von Nahrungsmitteln zu essen – zugleich verlangt eine ketogene Diät allerdings auch, dass Sie bestimmte Arten von Nahrungsmitteln meiden, besonders jene, die kohlenhydratreich sind. Im Wesentlichen besteht Ihre Diät hauptsächlich aus Fett, mäßigen Mengen von Proteinen und geringfügigen Mengen von Kohlenhydraten – nur genug, um ohne Nährstoffmangel zu überleben.

Wenn Sie der Keto-Diät folgen, kann es vorkommen, dass Sie vielleicht hin und wieder mit sich ringen. Dies ist besonders dann der Fall, wenn Sie nicht genügend Abwechslung finden, und es Sie schließlich langweilt, immer wieder dieselben Mahlzeiten zu essen. Dann fangen Sie an, sich an frühere Essgewohnheiten und Mahlzeiten zu erinnern, und Sie geraten in Versuchung, Ihr Verlangen zu stillen.

Wenn Ihnen diese Lage bekannt vorkommt, machen Sie sich keine Sorgen – Sie sind nicht allein. Viele Keto-Diät Anfänger haben sich irgendwann auch so gefühlt. Aber die gute Nachricht ist, dass Sie Ihre Diät nicht aufgeben müssen. Dieses Buch ist dazu da, Ihnen zu helfen. Eine der wirksamsten Methoden, sich zu motivieren, ist, Ihre Diät interessanter zu gestalten. Tun Sie dies, indem Sie verschiedene Arten von Keto-freundlichen Lebensmitteln, Speisen und Rezepte suchen, welche Ihnen die Abwechslung bieten, die Sie brauchen, um sich an Ihren neuen Lebensstil zu halten.

Um Ihre Gesundheit und Ihren Stoffwechsel zu verbessern, ist der Kauf dieses Buches ein hervorragender Schritt. In diesem Sinne, herzlichen Glückwunsch! In diesem Buch werden Sie alles lernen, was Sie über den Fisch- und Meeresfrüchte-Verzehr während der Keto-Diät wissen müssen. Fische und Meeresfrüchte sind wunderbare Proteinquellen, sie beinhalten gute Fettmengen, und sie enthalten auch andere wichtige Nährstoffe, die Sie stark und gesund machen.

Im ersten Kapitel legen wir den Fokus auf Fisch. Wir beginnen damit, Ihnen die besten Fischarten für die Keto-Diät vorzustellen. Dieses Kapitel erklärt zusätzlich, warum Fisch eine besonders vorteilhafte Nahrung bei einer ketogenen Diät ist.

Das zweite Kapitel ähnelt dem Ersten – jedoch legen wir hier das Augenmerk auf die Meeresfrüchte. Wie Sie schnell merken werden, sind die meisten Fisch- und Meeresfruchtarten bei der Keto-Diät empfehlenswert. Diese Lebensmittelgruppen enthalten normalerweise nur sehr kleine Mengen an Kohlenhydraten, und sind deswegen perfekt für die ketogene Diät geeignet. Nach diesen kurzen, aber sehr lehrreichen Kapiteln, erreichen wir das Interessanteste – den Hauptgrund, warum Sie sich entschieden haben, dieses Buch überhaupt zu kaufen.

Denn im dritten Kapitel werden Sie mehrere Keto-konforme Gerichte kennenlernen, welche verschiedene Fischarten als Hauptzutat darbieten. Die Rezepte stellen Lachs, Mahi-Mahi, Thunfisch, Sardinen, Heilbutt, Tilapia, Kabeljau, Seebarsch,

Schwertfisch und andere Weißfisch-Arten vor. Das Tolle an diesen Rezepten ist, dass Sie die Hauptzutat, nämlich den Fisch, je nach Geschmack, mit anderen, ähnlichen Fischarten ersetzen können. Diese Rezepte sind gesund, leicht verständlich, erfordern nur einfache Zutaten, und sind zum Bersten voll mit köstlichem Wohlgeschmack. Wenn Sie ein Liebhaber von Fisch sind, dann werden diese Rezepte ihre Diät bereichern, und Ihnen den weiteren Weg mit der Keto-Diät erleichtern.

Im nächsten Kapital werden Sie Ihr Wissen vertiefen – hier werden Sie lernen, verschiedene Meeresfruchtgerichte herzustellen. Die Rezepte beinhalten Jakobsmuscheln, Hummer, Garnelen, Krabben, Klaffmuscheln, Austern, und in einem Rezept können Sie Fisch und Meeresfrüchte zusammenwerfen, um ein herzhaftes, gesundes Gericht zu erhalten. Schon beim Lesen dieser Rezepte wird Ihnen das Wasser im Munde zusammenlaufen – und wird Sie vielleicht veranlassen, sofort zum Lebensmittelladen zu laufen, um alle Zutaten, welche Sie für die Vorbereitung brauchen, zu kaufen.

Obwohl dieses Buch kurz ist, enthält es eine Fülle an Information, welche Ihnen helfen wird, Abwechslung in Ihre ketogene Diät hinzuzufügen. Jedes einzelne dieser Gerichte wird Sie glücklich machen und Ihre Entscheidung bestätigen, die Keto-Diät begonnen zu haben. Ein weiterer Nutzen dieses Buches ist, dass es einfache Rezepte enthält, welche Ihre Kochkünste verbessern werden. Nachdem Sie mit diesen einfachen Rezepten geübt haben, können Sie sich auf ein höheres Niveau bringen, indem Sie schwierigere Rezepte entdecken.

Sehr bald werden Sie erkennen, dass die Keto-Diät doch gar nicht so schwer ist. Sie werden sich vielleicht sogar wundern, warum Sie nicht schon früher das Kochen zu einem Teil Ihres Lebensstils gemacht haben. Kochen kann ein erfüllendes und angenehmes Erlebnis sein. Wenn Sie selbst kochen, wissen Sie genau, dass Sie nur

Lebensmittel essen, welche für Ihre Diät geeignet sind. Und in diesem Sinne, lassen Sie uns anfangen!

Kapitel 1: Welche Fischarten können Sie bei der Keto-Diät essen?

Warum sind Lachs, Thunfisch, Heilbutt und andere Fische so ideal für die ketogene Lebensweise? Sie sind eine ausgezeichnete Quelle für Vitamine, hochwertige Proteine, essenzielle Fettsäuren, und zudem gelten sie als gesunde Nahrungsmittel. Diese Fische und Meeresfrüchte stellen daher eine hervorragende Hauptzutat dar, um gesunde und schmackhafte Keto-konforme Speisen zu kreiieren. Fisch ist köstlich, vielseitig und passt perfekt zu Ihrer neuen Diät.

Wenn es um Proteinquellen geht, gehört Fisch zu den gesündesten Lebensmitteln, welche Sie in Ihre Diät einarbeiten können. Fischprotein ist hochwertig, und es enthält zudem auch andere lebenswichtige Nährstoffe. Wenn Sie sich für fettreichere Fischarten entscheiden, werden Sie auch höhere Anteile von Vitamin D und Omega-3 zu sich nehmen. Obwohl es erscheinen mag, dass es schwierig sei, Fischgerichte zu kochen, werden

Sie schnell herausfinden, dass dies nicht immer so sein muss.

Später werden wir einige einfache Rezepte durchgehen, welche verschiedene Arten von gesundem und leckeren Fischen beinhalten. Fisch ist ein hervorragendes Nahrungsmittel, mit dem Sie fast alles machen können – backen, grillen, sieden, dämpfen, braten und vieles mehr. Egal, wie Sie Ihren Fisch zubereiten, Sie können sicher sein, dass Sie am Ende eine leckere Speise für sich und Ihre ganze Familie auftischen.

Wählen Sie aus diesen Fischarten

Wenn Sie gesund bleiben wollen, sollten Sie mindestens zweimal in der Woche Fisch essen. Fisch ist eine gesunde und fettarme Proteinquelle, welche ebenso gesunde Öle und andere wichtige Nährstoffe enthält. Was Fisch bei der ketogenen Diät betrifft, so haben Sie viele Möglichkeiten. Da fast alle Fischarten kohlenhydratarm sind, brauchen Sie sich keine Sorgen zu machen, dass Sie Ihre Diät nicht einhalten, wenn Sie mehr Fisch essen. Hier ist eine Liste mit den besten Fischarten für Ihre Diät:

1. Weißer Thunfisch (besonders der aus British Columbia und den Vereinigten Staaten)

Viele Thunfischarten sind sehr quecksilberhaltig, mit Ausnahme dieser Gattung. Wenn Sie weißen Thunfisch kaufen, suchen Sie denjenigen aus, welcher mit der Angel gefangen wurde, da deren Quecksibler- und Schadstoffwerte niedriger sind.

2. Makrele

Die Makrele ist eine fettreiche Fischart, welche genau in Ihre Diät passt. In Bezug auf Quecksilberwerte ist die Atlantische Makrele besser als die Spanische oder die Königsmakrele. Es ist also empfehlenswert, diese Art zu kaufen. Makrelen sind billiger als Lachs, und Sie können sie daher als Ersatz in Lachsrezepten benutzen.

3. Regenbogenforelle (Zuchtforelle)

Leider sind Seeforellen sehr schadstoffhaltig. Es ist daher besser, sich Zuchtforellen auszusuchen. Glücklicherweise ist diese Forellenart auf dem Fischmarkt leicht zu finden.

4. Wildlachs (von Alaska oder Silberlachs)

Alaskischer Wildlachs ist gesünder und bestanderhaltender als jede andere Art Lachs, die auf dem Markt zum Verkauf angeboten wird. Wenn Sie diese Art nicht finden können, dann ist der amerikanische Silberlachs die nächstbeste Wahl. Dieser Fisch ist sehr begehrt – und das ist auch verständlich. Lachs enthält eine hohe Anzahl gesunder Fettwerten, was ihn für die ketogene Diät perfekt macht. Er ist außerdem sehr schmackhaft – egal ob gekocht oder roh – und Sie können ihn in vielen Gerichten anwenden.

5. Wilde Sardinen (aus dem Pazifik)

Dieser winzige, günstige Fisch wird immer begehrter, da er auf mehr und mehr „Superfood"-Listen auftaucht. Er ist zwar klein, enthält jedoch mehr Omega-3 pro Portion als Thunfisch oder Lachs. Er ist auch einer der wenigen Lebensmittelarten, welche hohe Vitamin D Werte enthalten. Sardinen können auch in anderen Rezepten benutzt werden – Sie können sie sogar direkt aus der Dose essen!

Von diesen gesunden Fischen abgesehen, gibt es viele andere Fischarten, welche Sie bei der ketogenen Diät in gemäßigten Maßen essen können. Der Hauptgrund ist, dass diese Fische nicht so viele Fette enthalten wie diejenigen, die wir oben schon besprochen haben. Aber wenn Sie diese Arten in Gerichten benutzen, welche Butter,

Olivenöl, und andere gesunde Fette enthalten, dann können Sie sie öfter essen. Zu diesen Fischen gehören:

1. Wels

Wels, auch Catfish genannt, ist ein fettarmer Fisch, der gute Proteinwerte hat. Er ist ein kalorienarmer Fisch, den Sie ab und zu genießen können, während Sie der Keto-Diät folgen. Sie sollten jedoch den niedrigen Fettwert ausgleichen, indem Sie dazu eine fettreiche Beilage essen. Und ziehen Sie den Proteinwert dieses Fisches in Betracht, wenn Sie die Makronährstoffe des Tages zählen.

2. Kabeljau

Kabeljau ist ein weiterer fettarmer Fisch, der mehr Protein als Fett enthält. Sie können Kabeljau essen, um vorgeschriebene Tagesmenge von Proteinen zu erreichen, aber er ist nicht empfehlenswert, wenn Sie noch eine Menge Fett essen müssen, um den Tagesbedarf zu decken.

Allerdings schmeckt er gut mit fetthaltigen Zutaten, wie Butter und Öl. Wenn Sie also den Fettgehalt Ihrer Speise erhöhen möchten, achten Sie darauf, dass Sie Gerichte kochen, die diese gesunden Fette auch enthalten.

3. Tilapia

Dieses ist eine weitere Fischart, welche viel Protein in sich hat. Tilapia ist fettarm und zudem schmackhaft, vielseitig, und leicht nachkochbar. Wenn Sie einen kalorienarmen Tag machen müssen, ist dieser Fisch eine ausgezeichnete Wahl. Aber wie auch mit den anderen fettarmen Fischarten, sollten Sie fettreiche Zutaten benutzen, wenn Sie Tilapia kochen, um es Keto-gerechter zu machen.

Hier sind einige andere Fischarten, die Sie in gemäßigten Maßen essen dürfen. Und wie immer, wenn Sie sie für Ihre Diät passender machen möchten, kochen Sie sie mit fettreichen Zutaten!

- Sardellen

- Aal
- Flunder
- Schellfisch
- Heilbutt
- Hering
- Mahi-Mahi
- Flussbarsch
- Pollack
- Schnapper
- Klippenbarsch
- Seebarsch
- Rochen
- Seezunge
- Torpedobarsch
- Steinbutt

Fischarten, welche man einschränken oder vermeiden sollte

Während die meisten Fischarten für die ketogene Diät geeignet sind, gibt es einige, die Sie vielleicht einschränken oder vermeiden möchten. Der Grund dafür ist nicht, dass sie für diese Diät ungeeignet sind. Dennoch empfehle ich, diese Fische zu vermeiden, da sie entweder einen hohen Quecksilber- und Schadstoffwert haben, oder weil ihr Bestand schnell verringert wird.

Diese Fische sind:

1. Blauflossen Thunfisch (auch Großer Thunfisch genannt)

Diese Thunfischart wurde 2009 in die Liste der WWF der gefährdeten Tierarten eingetragen. Blauflossen Thunfisch enthält auch hohe Quecksilber- und Schadstoffwert, was sie für den Verzehr untauglich macht.

2. Zackenbarsch

Das ist eine weitere Fischart, welche hohe Quecksilberwerte enthält. Obendrein vermehren sich Zackenbarsche nicht so oft wie andere Fischarten, wodurch sie vom Überfischen gefährdet sind.

3. Seeteufel (Lotte)

Der Seeteufel ist ein sehr seltsam aussehender Fish, der auf dem Meeresboden lebt. Bedauerlicherweise hat er einen sehr frischen und milden Geschmack, was ihn zu einer sehr begehrten Zutat für Feinschmecker Speisen macht. Daher ist diese Fischart, wie der Blauflossen Thunfisch, in Gefahr überfischt zu werden, und es ist empfehlenswert, diesen Fisch zu meiden.

4. Orange Roughy (Granatbarsch/Kaiserbarsch)

Wie der Zackenbarsch auch, vermehrt sich dieser Fisch sehr langsam, und ist daher vom Überfischen gefährdet. Außerdem enthält der

Orange Roughy hohe Quecksilberwerte, sodass Sie diesen Fisch ohnehin meiden sollten.

5. Schwarzer Seehecht

Dieser Fisch ist auf Grund seines butterigen Fleisches sehr beliebt. Leider beschädigen die Methoden, die beim Fischen des Schwarzen Hechts benutzt werden, den Meeresboden, und bringen Meeresvögel in Gefahr. Außerdem enthält er hohe Quecksilberwerte.

6. Farmlachs

Während Wildlachs Ihrer Gesundheit dient, und daher empfohlen wird, muss Farmlachs gemieden werden. Diese Fischart hat hohe Schadstoffwerte, und obendrein werden ihr während der Aufzucht Antibiotika zugeführt.

Vorteile des Fischkonsums

Fisch bereichert Ihre ketogene Diät und macht sie gesünder. Die meisten Fischarten sind kohlenhydratarm, enthalten gute Mengen an Protein, und manche von ihnen sind sogar fettreich. Davon abgesehen enthält Fisch auch andere gesunde Nährstoffe, die der Körper braucht, um gut zu funktionieren. Die Vorteile des Fischverzehrs sind die folgenden:

1. Die Auswahl ist groß

Wenn es um Fisch geht, ist die Auswahl groß, denn es gibt so viele verschiedene Arten, die in Ihre Diät eingearbeitet werden können. Zudem können Sie diese verschiedenen Fischarten in verschiedenen Speisen benutzen – und sie auf verschiedene Weisen zubereiten. Obendrein müssen Sie nicht Bankrott gehen, um Fisch zu kaufen. Frischer Fisch ist verhältnismäßig erschwinglich – solange Sie sich nicht für die seltenen oder teuren Fischarten entscheiden.

Im Allgemeinen können Sie Fisch für Ihre Gerichte frisch, tiefgekühlt, in Dosen oder Konservengläsern in einer Anzahl von verschiedenen Geschäften kaufen. Wenn Sie in Meeresnähe leben, dann haben Sie Zugang zu einer größeren Auswahl. Besuchen Sie Geschäfte in Ihrer Umgebung, und sehen Sie, was angeboten wird. Das Tolle am Fisch ist, dass Sie ihn in Rezepten ersetzen können, solange Sie einen Fisch, der einen ähnlichen Geschmack und dieselbe Beschaffenheit hat, aussuchen.

2. Fisch ist reich an Omega-3 und anderen Fettsäuren

Die meisten Fischarten enthalten hohe Werte von Omega-3 Fettsäuren und, je nach Fischart, anderen Fettsäuren. Das ist ein ausgezeichneter Vorteil, da diese Fettsäuren eine bedeutende positive Auswirkung auf Ihre allgemeine Gesundheit haben – insbesondere die Ihres Herzens. Omega Fettsäuren können die Gefahr eines Schlaganfalls und einer Herzerkrankung verringern, den Triglyceride-Spiegel und den Blutdruck senken, zudem die Werte des nützlichen HDL Cholesterols erhöhen.

Jeden Tag genügend Omega-3 zu sich zu nehmen, hat auch positive Auswirkungen auf Ihre seelische Gesundheit. Diese Fettsäure kann gegen Angstzustände und Schwermütigkeit kämpfen, und kann sogar bei Kindern die Symptome des ADHS vermindern. Omega-3 kann auch das Risiko einer Alzheimerkrankung und anderen Arten von Gehirnerkrankungen verringern. Eine weitere gute Auswirkung ist, dass Omega-3 Entzündungen sowie die Entwicklung autoimmuner Krankheiten hemmen können.

Wenn es um Omega-3 und andere Arten von Fettsäuren geht, sind die fettreicheren Fische am wertvollsten. Abgesehen davon, dass sie diese Fettsäuren bieten, passen sie auch wunderbar zu Ihrer ketogenen Diät. Da diese Fische Protein enthalten, können Sie immer wieder fettreichen

Fisch essen, um gerade diesen und andere Vorteile zu nutzen.

3. Fisch enthält auch weitere Mikronährstoffe

Die genauen Anteile der Mikronährstoffe kommen darauf an, welche Art Sie zum Kochen und Genießen ausgesucht haben. Im Allgemeinen jedoch, enthalten die meisten Fische lebenswichtige Vitamine, Mineralien und Nährstoffe. Deshalb bezeichnet man den Fisch auch als „Superfood". Verschiedene Fischarten enthalten Jod, Selen, Vitamin D, Vitamin A, die B-Vitamine, Zink, Eisen und mehr. Bei kleineren Fischen müssen Sie die Gräten nicht entfernen – das bedeutet nämlich, dass Sie obendrein Calcium bekommen. Calcium ist für die Gesundheit Ihrer Zähne und Knochen essentiell. Ebenso wichtig ist es für den Herzrhythmus, gute Blutgerinnung und Muskelfunktionen.

4. Fisch enthält gute Mengen an Protein

Und schließlich enthält Fisch auch ein gutes Maß an Protein – besonders die fettarmen Fischarten. Das hilft Ihnen, Ihre fettfreie Körpermasse beizubehalten, während Ihre Organe und Gewebe weiterhin richtig funktionieren. Wenn Sie an einem Tag schon genug Fett aufgenommen haben, kann Ihre letzte Mahlzeite ein Gericht sein, welches fettarmen Fisch beinhaltet, um Ihren Proteinbedarf zu decken.

Tipps zum Frischfischkauf

Wenn es darum geht, frischen Fisch für eine Mahlzeit zu kaufen, müssen Sie darauf achten, dass Sie den frischesten verfügbarsten Fisch kaufen. Dies ist besonders wichtig, wenn Sie Ihre Gerichte im Voraus planen, sodass Sie die Gerichte, die Sie gekocht haben, länger aufbewahren können. Obendrein schmeckt frischer Fisch besser! Üblicherweise sind ganze Fische frischer und billiger. Daher werden Sie es vielleicht eher vorziehen, einen ganzen Fisch zu kaufen, und ihn dann filetieren zu lassen, als bereits vorbereiteten Fisch zu kaufen. Hier sind einige Sachen, auf die Sie aufpassen sollten, um die Frische des Fisches festzustellen:

- Überprüfen Sie den Tagesfang, oder fragen Sie den Verkäufer, welcher Fisch der frischste ist.

- Halten Sie Ausschau nach glänzendem und festem Fleisch –

wenn Sie es anfassen, sollte das Fleisch zurückspringen.

- Schnuppern Sie an dem Fisch – er sollte nicht einen starken Fischgeruch, sondern einen frischen Meeresduft haben.

- Die Augen sollten klar sein, und etwas hervortreten.

- Die Kiemen sollten feucht, und leuchtend rot oder rosa sein.

- Fischsteaks und Filets sollten eine einheitliche Farbe haben und sich feucht anfühlen.

- Außerdem sollte bei Steaks und Filets das Fleisch keine Lücken vorweisen.

- Unabhängig davon ob der Fisch ganz oder zerlegt ist, sollte er keine schwammige Beschaffenheit,

Verfärbung, oder gelbe oder braune Ränder haben.

Sobald Sie Zuhause ankommen – und Sie Ihren Fisch nicht sofort kochen möchten -wickeln Sie ihn fest in Frischhaltefolie ein. Dann setzen Sie ihn auf Eis, und stellen Sie ihn in den Kühlschrank, bis Sie Zeit haben, ihn zu kochen.

Kapitel 2: Welche Meeresfruchtarten sind für die Keto-Diät geeignet?

So wie der Fisch, sind auch die meisten Meeresfrüchte kohlenhydratarm und haben genügend Fett und Eiweiß. Vielmehr gibt es einige Meeresfrucht Arten, welche gar keine Kohlenhydrate beinhalten – zum Beispiel Garnelen und manche Krabben. Während Schalentiere möglicherweise einige Kohlenhydrate enthalten, können Sie diese trotzdem essen, solange Sie die Anzahl der Kohlenhydrate notieren, und diese Anzahl in Ihrer täglichen Makronährstoff-Tabelle eintragen.

Wenn Sie Meeresfrüchte für Ihre Keto-Diät aussuchen, vergewissern Sie sich, dass diese frisch sind. Auf diese Weise werden Sie ihren natürlichen Geschmack erleben, ohne Fischgeschmack. Außerdem können Sie, wenn Sie Ihre Mahlzeiten planen, und mit frischen Zutaten beginnen, Ihre gekochten Gerichte eine Weile im Kühlschrank aufbewahren, ohne sich sorgen zu müssen, dass die fertigen Speisen verderben werden. Meeresfrüchte sind eine weitere abwechslungsreiche Lebensmittelgruppe, da Sie sie auf verschiedene Weise zubereiten und in verschiedenen Gerichten benutzen können.

Wenn Sie vorhaben, Fisch und Meeresfrüchte zu einem Grundnahrungsmittel Ihrer Keto-Diät zu machen, wäre es sinnvoll, die Supermärkte, Bauernmärkte und Fischhandel in Ihrer Nähe zu besuchen. Auf diese Weise werden Sie genau wissen, welche Arten von Fisch in Ihrer Gegend reichlich vorhanden sind – und welche schwer zu bekommen sind. Es wird dann einfacher für Sie, einen Plan für Ihre Mahlzeiten aufzustellen, und

Sie wissen, welche Rezepte Sie auf die Schnelle für Ihren täglichen Bedarf, für Feiern und andere Anlässe zubereiten können.

Meeresfruchtarten zum Essen

Meeresfrüchte sind eine ausgezeichnete Wahl für die Keto-Diät. Sie enthalten gesunde Proteine, gesunde Fette, und die Mehrzahl der Meeresfrüchte sind kohlenhydratarm. Natürlich hängt der Kohlenhydratgehalt von der Art der Meeresfrüchte ab – entscheidend ist, dass Sie wissen, wie viele Kohlenhydrate die Meeresfrüchte, welche Sie kochen wollen, enthalten, und diese dann zu der Tagessumme hinzuzählen. Das ist derselbe Vorgang, den Sie bei anderen Nahrungsmittelarten auch machen, wenn Sie der Keto-Diät folgen.

Das Tollste an Meeresfrüchten ist, dass es so viel Auswahl gibt. Wenn Sie Meeresfrüchte als Ihre Hauptproteinquelle benutzen, können Sie die anderen Zutaten ändern, und ein neues Gericht erfinden, indem Sie nur eine andere Meeresfrucht wählen. Während Sie viele verschiedene Meeresfruchtarten bei der Keto-Diät essen können, zeige ich Ihnen hier einige der besten Auswahlmöglichkeiten:

1. Muscheln

Obwohl Muscheln Kohlenhydrate enthalten, sind sie sehr gesund und zudem eine ausgezeichnete Ergänzung für die ketogene Diät. Muscheln enthalten mehrere lebenswichtige Mikronährstoffe, wie zum Beispiel die B-Vitamine, Mangan, Eisen, Phosphor und Selen. Und obwohl Muscheln kalorienarm sind, sättigen sie schnell.

2. Austern (Zuchtaustern)

Zuchtaustern sind eine ausgezeichnete Wahl, da sie reich an Eisen und Omega-3 sind. Sie sind sogar umweltfreundlich! Austern ernähren sich von Algen und Nährstoffen, die sich im Wasser befinden, und reinigen es somit. Austern wirken sogar als natürliche Riffe, die andere Fischarten anlocken und ernähren. Bitte achten Sie darauf, dass wenn Sie Austern roh essen möchten, sie von einer sauberen Quelle kommen. Auf diese Weise bringen Sie sich nicht in Gefahr, eine Magenverstimmung zu bekommen.

3. Garnelen

Garnelen sind die am häufigsten benutzten Meeresfrüchte, welche in Speisen verwendet werden – und es gibt verschiedene Arten. Obwohl manche Leute es lästig finden, sie zu schälen, sind die Ernährungszuschüsse die Arbeit wert. Vom Protein und Fett abgesehen, enthalten Garnelen auch Vitamin D, Selen, die B-Vitamine, Eisen und Kupfer. Obwohl Garnelen Cholesterol enthalten, braucht Ihnen das keine Sorgen zu bereiten. Studien haben bewiesen, dass der Garnelenverzehr Ihre Triglyceriden senken können, und vielleicht auch das Verhältnis zwischen HDL und LDL verbessern.

Von diesen Möglichkeiten abgesehen, bestehen andere nährstoffreiche Meeresfruchtarten, die fett- und proteinreich, zugleich kohlenhydratarm sind, und somit gut in Ihre ketogene Diät passen. Dazu gehören:

- Abalone
- Kaviar
- Klaffmuscheln
- Krabbe
- Hummer
- Jakobmuscheln
- Tintenfisch (Kalmar)

Meeresfruchtarten, die Sie vermeiden oder einschränken sollten

Meeresfrüchte gehören zu den gesündesten und nährstoffreichsten Lebensmitteln, die es gibt. Nahrungsmittel, die aus dem Meer kommen, enthalten Vitamine, Mineralien, und andere gute Sachen, welche ihnen einen hohen Nährwert verleihen. In Bezug auf Meeresfrüchte, passen alle

Arten zu der Keto-Diät. Suchen Sie sich bestenfalls die aus, welche kohlenhydratarm sind, und wenn Sie welche essen möchten, die Kohlenhydrate enthalten, beschränken Sie die Mengen etwas. Trotz dieser Wahlfreiheit müssen einige Risiken in Betracht gezogen werden:

1. Allergien

Dieses ist eine der häufigsten Gefahren des Meeresfruchtverzehrs – eine allergische Reaktion. Wenn Sie zum ersten Mal Meeresfrüchte essen, ist es am besten, wenn Sie nur eine kleine Menge essen, um zu sehen, ob Ihr Körper darauf reagiert. Obwohl es unwahrscheinlich ist, dass Sie gegen alle Meeresfrüchte allergisch sind, könnten Sie bei manchen Arten allergisch reagieren. In diesem Fall vermeiden Sie die Art, gegen die Sie allergisch sind, sodass Sie nicht die Folgen erleiden müssen.

2. Methylquecksilber

Auf Grund der Umweltverschmutzung sind inzwischen mehrere Fisch- und

Meeresfruchtarten quecksilberbelastet – Quecksilber ist eine Art von Nervengift. Obwohl dieses Problem mehr die Fische, als die Meeresfrüchte betrifft, ist es trotzdem beachtenswert. Nahrungsmittel, die quecksilberbelastet sind, sind für Kinder und schwangere Frauen besonders gefährlich, und sollten daher gemieden werden. Um dieses Risiko zu umgehen, wählen Sie Ihre Meeresfrüchte gewissenhaft, und prüfen Sie dieser immer auf ihre Herkunft.

Vorteile der Meeresfrüchte

Der Verzehr von Meeresfrüchten ist genauso gesundheitsfördernd, wie der Verzehr von Fisch. Die Amerikanischen Herzstiftung berichtet, dass der Verzehr von Fisch zweimal die Woche die Gefahr eines Schlaganfalls oder eines Herzinfarkts bedeutend vermindern kann. Das betrifft jede Art von Diät. Diese Tatsache ist nicht erstaunlich, denn Meeresfrüchte enthalten viel entzündungshemmendes und herzfreundliches Omega-3 im Vergleich zu anderen Nahrungsmitteln. Wenn Sie die Keto-Diät einhalten, sollte es sehr einfach sein, Meeresfrüchte in ihren Speiseplan einzuarbeiten, denn die Mehrzahl der Meeresfrüchte ist sehr kohlenhydratarm. Außerdem sind Meeresfrüchte sehr vielseitig, sodass Sie sie in vielen verschiedenen Speisen benutzen können – einige davon werden Sie später kennenlernen.

Der Begriff „Meeresfrüchte" bezieht sich oft auf Meeres- und Süßwasserschalentiere – manchmal schließt es auch Fisch mit ein. Auch werden Pflanzen wie Meeresalgen und essbare Algen oft als Meeresfrüchte angesehen. Der Verzehr von Meeresfrüchten während der Keto-Diät, hilft Ihnen, den Wert Ihrer Omega-3 Zufuhr zu erhöhen. Omega-3 und andere Fettsäuren sind für die Gesundheit wichtig, da sie vom Körper nicht selbst hergestellt werden können. Daher müssen Sie Nahrungsmittel, in denen sie vorhanden sind, essen.

Meeresfrüchte enthalten eine Omega-3 Fettsäure, die als DHA bekannt ist. Sie ist wichtig für den gesunden Zustand von Haut, Retina (Netzhaut), Sperma und Gehirn.

Meeresfrüchte sind auch eine ausgezeichnete Quelle von wichtigen Mineralien, B-Vitaminen, Antioxidantien und fettlöslichen Vitamine. Hier sind einige weitere Vorteile, die Sie erwarten, wenn Sie Meeresfrüchte essen:

1. Sie verbessern die Gesundheit des Gehirns

Wie schon vorher erwähnt, sind Meeresfrüchte eine ausgezeichnete DHA-Quelle. Laut Forschung spielt DHA eine einzigartige und wichtige Rolle in der Nervenhaut des Gehirns. DHA ist daher für den gesunden Wachstum und der Entwicklung des Gehirns unerlässlich. Es kann sogar das Gehirn vor dem Altern und der Entwicklung neurodegenerativer Erkrankungen schützen.

2. Sie helfen ihrem Körper, Krankheiten vorzubeugen

Sie können mehrere Krankheiten – wie zum Beispiel Fettleibigkeit, Herz-Kreislauf-Erkrankung, Zuckerkrankheit, und einige Krebsarten – vermeiden, indem Sie Ihren Lebensstil und Ihre Ernährung verbessern. So kann Ihr Risiko diese – und andere – Krankheiten zu entwickeln, verringert werden, wenn Sie mehr Meeresfrüchte und Fisch essen. Laut Wissenschaftlern kommen die meisten vorbeugenden Vorteile von den hohen Werten an Omega-3 Fettsäuren.

Pflanzliche Meeresfrüchte, wie Algen und Seetang bieten besondere Vorteile. Sie enthalten hohe Werte an Phytochemikalien und Antioxidantien-. Manche von diesen Meerespflanzen enthalten auch viel Jod – ein Nährstoff, welcher für die Gesundheit der Schilddrüse unentbehrlich ist. Seetang enthält auch Omega-3, jedoch in sehr geringen Mengen.

3. Höherer Vitamin D Zufuhr

So wie der Fisch, sind auch Meeresfrüchte eine ausgezeichnete Vitamin D3 Quelle. Diese Form von Vitamin D ist die bioverfügbarste, und ist für einen gesunden Stoffwechsel, gesunde Knochen, und die Abwehrkraft unentbehrlich. Da Vitamin D3 fettlöslich ist, ist es normalerweise mehr in fettreichen Fischen und Meeresfrüchten vorhanden.

Tipps zum Einkauf frischer Meeresfrüchte

Was den Meeresfrucht Einkauf angeht – und das trifft auch auf einige Fischarten zu – da haben Sie die Wahl zwischen frischen und tiefgefrorenen Produkten. Das ist besonders wichtig, wenn Sie in einer Gegend wohnen, wo man keinen leichten Zugang zu frischen Meeresfrüchten hat. Manche Rezepte verlangen tiefgefrorene Meeresfrüchte – Sie brauchen sie lediglich als Teil der Vorbereitung aufzutauen. Ganz gleich, ob Sie frische oder tiefgefrorene Meeresfrüchte benutzen möchten, hier sind einige Tipps für Sie:

1. Frische Meeresfrüchte

   - Frische Klaffmuscheln, Muscheln und Austern werden normalerweise lebend verkauft, weil ihre inneren Organe nach dem Tod schnell verderben. Deshalb müssen Sie beim Kauf darauf achten, dass die Schalen fest verschlossen und unbeschädigt sind.

   - Frisch aus der Schale gelöste Austern sollten frisch riechen und sollten von einer grauen Flüssigkeit umgeben sein.

   - Krabben und Hummer sollten ebenfalls lebend verkauft werden, da sie nach dem Tod schnell verderben. Vergewissern Sie sich deshalb, dass sich diese Tiere noch bewegen, wenn Sie sie kaufen.

   - Garnelen sollten einen milden Geruch und festes Fleisch haben. Die Schalen sollten keine dunklen Flächen, schwarze Kanten oder schwarze Flecken haben.

- Wählen Sie Tintenfische, die volle, klare Augen haben, deren Haut cremig weiß mit rotbraunen Flecken ist, und deren Fleisch fest ist.

2. Tiefgefrorene Meeresfrüchte

    Tiefgefrorene Meeresfrüchte sollten in einer feuchtigkeitsfesten, engumhüllenden Verpackung sein. Vermeiden Sie Meeresfrüchte in beschädigter Verpackung.

    - Wenn Sie tiefgefrorene Meeresfrüchte aus der Tiefkühltruhe des Supermarktes nehmen, suchen Sie die aus, welche unterhalb der Lademarke liegen.

- Nehmen Sie eine Kühltasche zum Supermarkt mit, um zu vermeiden, dass Ihre Meeresfrüchte auf dem Rückweg anfangen zu tauen. Das ist besonders wichtig, wenn Sie weit entfernt vom Supermarkt leben.

Kapitel 3: Keto-konforme Fisch Rezepte

Nun, dass Sie mehr darüber wissen, wie Fische und Meeresfrüchte zu der Keto-Diät passen, wird es an der Zeit, dass Sie einige schmackhafte, gesunde, und einfache Rezepte erlenernen, die Ihre neue Diät bereichern werden. In diesem Kapitel werden wir verschiedene Rezepte durchgehen, deren Hauptzutat aus unterschiedlichen Fischarten bestehen. Wenn Sie Fisch lieben, und Sie nicht darauf warten können, die gesundheutlichen Vorteile zu genießen, dann können Sie schnell anfangen, diese interessanten Gerichte vorzubereiten.

Gebackener Lachs mit Gurkennudeln und Thymian-Ghee

Dieses gebackene Gericht ist einfach zuzubereiten und sehr geschmackreich. Der Lachs, welcher der Star dieser Speise ist, bietet viele nützliche, lebenswichtige Fettsäuren. Lachs ist eine ausgezeichnete Proteinquelle und zudem er ist auch noch so vielfältig!

Zeit: 20 Minuten

Portionen: 2

Zutaten:

- 2 EL Olivenöl

- 3 EL Butter oder Ghee

- 90 g grüne Oliven

- Salz

- Frische Thymianblätter

- 1 große Gurke

- 1 ganze Fenchelknolle (grobgeschnitten)

- 2 Lachsfilets (Wildlachs, mit Haut)

Anleitung:

1. Den Ofen auf 175°C vorheizen und ein Backblech mit Backpapier belegen.

2. Die Fenchelscheiben auf das Backblech legen, die Lachsfilets darauflegen, und Butter oder Ghee punktweise auf dem Lachs verteilen. Dann Thymianblätter darüber sprenkeln.

3. Das Backblech in den Ofen schieben und den Lachs etwa 15 Minuten backen.

4. Während der Lachs backt, benutzen Sie einen Spiralschneider, um die Gurkennudeln vorzuebreiten. Die Nudeln sanft ausdrücken, um sie zu entwässern.

5. Die Gurkennudeln in eine Schüssel geben, sie mit Olivenöl anmachen, und schwenken, sodass sie gleichmäßig mit Öl bedeckt sind. Die Nudeln auf den Tellern anrichten.

6. Das Backblech aus dem Ofen nehmen und die Lachsfilets auf die Nudeln legen. Mit Salz würzen und die Oliven darüber verteilen.

Mahi-Mahi mit Beurre Blanc

Dieses Keto-gerechte Hauptgericht wird Ihre Geschmacksnerven mit seiner gehaltvollen und butterigen Soße verwöhnen. Obwohl sich der Name dieser Speise sehr schick anhört, ist sie wirklich einfach zuzubereiten. Ganz gleich, ob Sie es nur für sich selbst kochen wollen, oder für Ihre Lieben – dieses Gericht wird auf jeden Fall beeindrucken.

Zeit: 20 Minuten

Portionen: 6

Zutaten:

- 1 EL Dill (frisch, gehackt)
- 2 EL Petersilie (frisch, gehackt)
- 60 ml Schlagsahne
- 60 ml Olivenöl
- 60 ml Weißwein
- Saft einer Zitrone

- 110 g Butter

- 3 Speckstreifen

- 6 Mahi-Mahi Filets

- Salz

- Pfeffer

Anleitung:

1. Die Speckstreifen etwa 5 Minuten braten, bis sie knusprig sind. Den Speck kleinhacken. Den Speck und das Fett beiseitelegen.

2. Die Mahi-Mahi Filets mit Salz und Pfeffer würzen. Es ist am besten, wenn sie großzügig gewürzt werden.

3. In einer Bratpfanne das Olivenöl bei mittlerer Hitze erhitzen. Sobald die Pfanne heiß ist, die Mahi-Mahi Filets auf beiden Seiten 3 Minuten braten.

4. Die Pfanne auf der Herdplatte lassen, aber die Filets auf einen Teller legen und warmhalten.

5. Den Weißwein in die Pfanne geben, und warten, bis er sirupartig ist.

6. Das Speckfett und die Schlagsahne dazugeben, und die Temperatur ausstellen. Die Butterstückchen hineinquirlen, und sie gründlich in die Soße mischen.

7. Die Kräuter, den Zitronensaft, den Speck, Pfeffer und Salz dazugeben, und alles gründlich mischen.

8. Die Soße über die gekochten Mahi-Mahi Filets gießen, und sie sofort auftischen.

Thunfisch mit Geröstetem Brokkoli und Blumenkohl

Eine der einfachsten und schmackhaftesten Arten, Gemüse vorzubereiten, ist sie zu rösten. Das erweicht das Gemüse, sodass es während des

Kochens mehr Geschmack aufnehmen kann. Das ist genau das, was Sie mit dem Gemüse in diesem Rezept machen werden. Machen Sie sich bereit für ein sättigendes und geschmackvolles Gericht – mit Thunfisch als Mittelpunkt.

Zeit: 25 Minuten

Portionen: 4 Bowls

Zutaten für die Thunfisch-Bowl:

- 5 g frische Petersilie ((frisch, feingehackt)

- 1 Brokkoli-Kopf (in Röschen zerteilt)

- 1 Blumenkohl (in Röschen zerteilt)

- 1 Zitrone

- 4 Dosen Thunfisch (je etwa 140 g, in Olivenöl oder Salzlake)

- Olivenöl

- Salz

Zutaten für die Soße:

- 1 EL Sesamöl

- 3 EL Tamari Sojasauce

- 60 ml Tahini

Anleitung:

1. Den Ofen auf 200°C vorheizen und das Backblech mit Backpapier belegen.

2. Die Brokkoli und Blumenkohl-Röschen auf dem Backblech ausbreiten, sie mit Olivenöl beträufeln, mit Salz und Pfeffer würzen. Ein Viertel der Zitrone darüber pressen. Die Röschen vorsichtig schwenken, um sie gleichmäßig zu bedecken.

3. Das Backblech für etwa 20 Minuten in den Ofen schieben.

4. Die Röschen aus dem Ofen nehmen und abkühlen lassen. Danach diese in eine Schüssel geben, Olivenöl und den Saft einer Viertel Zitrone dazugeben, und mit Salz würzen. Die Zutaten vorsichtig schwenken, um die Röschen gleichmäßig zu bedecken.

5. In einer anderen Schüssel die Soßen Zutaten gründlich vermengen.

6. Vier Bowls zuerst mit dem gerösteten Gemüse anrichten. Pro Schale den Inhalt einer Dose Thunfisch darauf geben, und die Soße darüber gießen.

Weißfisch Frikadellen mit Aioli

Diese Frikadellen eignen sich hervorragend für leichte Mahlzeiten oder als Beilage. Sie können die Weißfisch Art, welche Sie benutzen wollen, frei auswählen. Weißfisch ist toll, da er einen hohen Proteingehalt hat, und weil man ihn leicht mit gesunden Fetten servieren kann, um die Fetteinnahme des Tages zu erhöhen.

Zeit: 45 Minuten

Portionen: 18 Frikadellen (je nach Größe)

Zutaten für die Frikadellen:

- 1 TL Kreuzkümmel

- 1 TL Zitronenschale (frisch)

- 2 EL gehackte Petersilie

- 4 EL Flachsmehl

- 4 EL Ghee

- 50 g geriebener Parmesan Käse

- 540 g gekochten, gepressten Blumenkohl

- 750 g Kabeljaufilets (ohne Haut und Gräten – man kann auch anderen Weißfisch benutzen)

- 1 große Frühlingszwiebel

- 1 Knoblauchzehe (fein gehackt)

- 2 große Eier

- Schwarzer Pfeffer (frisch gemahlen)

- Salz

Zutaten für den Aioli Dip:

- 115 g Mayonnaise

- 2 Knoblauchzehen (fein gehackt)

Anleitung:

1. Einen EL Ghee und den gehackten Knoblauch in einen Topf geben. Bei mittlerer Hitze kochen, bis er duftet.

2. Den gepressten Blumenkohl dazugeben, und mit Salz und Pfeffer würzen. 5 bis 7 Minuten kochen lassen. Dabei ununterbrochen rühren, bis er weich und knusprig ist.

3. Den Blumenkohl in eine Schüssel geben und ihn beiseitelegen.

4. Die Fischfilets mit Salz und Pfeffer würzen.

5. Einen EL Ghee in denselben Topf geben und die Filets auf beiden Seiten zwei oder drei Minuten bei mittlerer Hitze kochen. Wenn die Filets fertiggekocht sind, werden sie nicht mehr glasig, sondern milchig-weiß und blättrig sein.

6. Den Fisch in eine Schüssel geben, und ihn 5 bis 10 Minuten abkühlen lassen.

7. Nachdem der Fisch abgekühlt ist, den gepressten Blumenkohl und die restlichen Zutaten dazugeben. Alles gründlich vermischen.

8. Portionen der Mischung nehmen, und sie zu Frikadellen formen. Die Anzahl der Frikadellen kommt auf ihre Größe und Dicke an.

9. Eine Pfanne bei mittler bis hoher Temperatur erhitzen, und einen EL Ghee dazugeben. Sobald die Pfanne heiß ist, diese auf mittlere Temperatur senken und anfangen, die Frikadellen zu braten. Die Frikadellen auf beiden Seiten etwa 3 bis 5 Minuten braten.

10. Die Zutaten der Soßen kombinieren und sie gründlich vermischen. Die Frikadellen heiß mit der Aioli Soße servieren.

Gebackener Wildlachs mit Fenchel und Spargel

Wenn Sie ein einfaches Rezept suchen, welches wenig Zubereitung erfordert, dann ist dieses Rezept gerade richtig. Die Kokos-Amino-Marinade dieser Speise hat einen einmaligen umami Geschmack, der perfekt zu dem Fisch passt. Verbinden Sie dies mit Spargel und Fenchel, und Sie haben innerhalb einer Stunde eine füllende, gesunde Speise.

Zeit: 40 Minuten

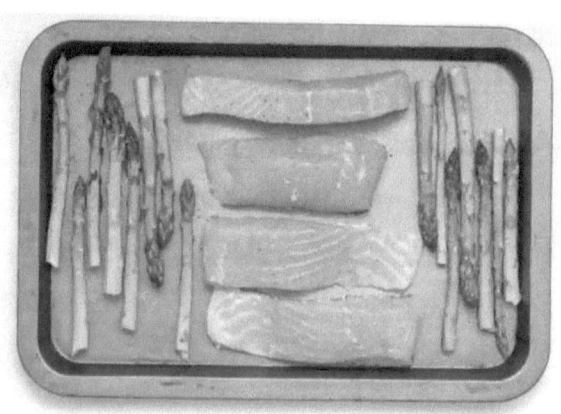

Portionen: 4

Zutaten: 1

- 1 TL rosa Himalayasalz
- 1 EL Kokos Aminos
- 1 EL Honig
- 1 EL getrockneter Seetang
- 1 EL frischer Zitronensaft
- 1 EL Olivenöl
- 45 g Fenchel (in dünne Scheiben geschnitten)
- 250 g Spargel
- 750 g Wildlachs (jegliche Art, nach Belieben)
- 2 mittelgroße Avocados (in Scheiben geschnitten)
- Chiliflocken (nach Belieben)
- Fenchelgrün

Anleitung:

1. Kokos Aminos, Honig, Seetang, Zitronensaft und Salz in eine kleine Schüssel geben und sie gründlich vermischen – das ist die Marinade.

2. Lachs und die Marinade in eine Schüssel geben. Gut vermischen. 30 Minuten ruhen lassen.

3. Inzwischen den Spargel dämpfen, und ihn zum Abkühlen beiseitelegen.

4. Den Ofen auf 180°C vorheizen. Ein Backblech mit Backpapier belegen.

5. Den Fenchel auf dem Backblech verteilen, und den marinierten Lachs darauflegen.

6. Das Backblech in den Ofen schieben, und das Gericht etwa 10 Minuten backen.

7. Das Backblech aus dem Ofen nehmen, und den Lachs und Fenchel auf Tellern anrichten. Mit Avocado Schnitten,

Fenchelgrün, Chiliflocken garnieren, und es mit Olivenöl beträufeln.

Gebratene Sardinen and Oliven

Wenn Sie sich abenteuerlustig fühlen, können sie dieses schnelle, einfache Gericht versuchen. Sie können ihn als Beilage oder sogar als einen ungewöhnlichen Imbiss genießen. Sardinen sind für die Keto-Diät eine ausgezeichnete Fischart, und zusammen mit Oliven, wird diese Speise Sie mit vielen Nährstoffen versorgen.

Zeit: 5 Minuten

Portionen: 1

Zutaten:

- 1 TL getrocknete Petersilie
- 1 TL Knoblauchflocken
- 1 EL Olivenöl
- 1 Büchse Sardinen (100 g, in Olivenöl)
- 5 schwarze Oliven

Anleitung:

1. Das Olivenöl in einem Topf erhitzen.
2. Den Rest der Zutaten dazugeben, und sie 5 Minuten braten. Dabei ununterbrochen rühren.
3. Sofort auftischen.

Gebackener Heilbutt mit Parmesankruste

Dieses Gericht ist die perfekte Zusammenstellung: Heilbutt hat einen milden Geschmack und eine feste Beschaffenheit, während die Parmesankruste Geschmack und Beschaffenheit perfekt ergänzt. In diesem einfachen Rezept können Sie den Heilbutt mit jeder Weißfisch Art ersetzen.

Zeit: 30 Minuten

Portionen: 6

Zutaten:

- 2 EL Knoblauchpulver
- 1 EL Semmelbrösel
- 1 EL getrocknete Petersilie
- 3 EL geriebener Parmesankäse
- 115 g Butter

- 6 Heilbutt Filets
- Schwarzer Pfeffer
- Koscher Salz

Anleitung:

1. Den Ofen auf 200°C vorheizen. Ein Backbleck mit Backpapier belegen.
2. Alle Zutaten, außer dem Heilbutt, gründlich vermischen.
3. Die Heilbutt Filets mit Küchenpapier trocknen, dann auf das Backblech legen.
4. Die Parmesan Mischung über die Filets streichen. Darauf achten, dass die ganze Oberfläche der Filets bestrichen ist.
5. Das Backblech in den Ofen schieben, und den Heilbutt 10 bis 12 Minuten backen. Dann die Temperatur auf 220°C erhöhen, und 2 oder 3 Minuten weiterbacken, bis die Filets goldbraun sind.

Würziger Thunfisch mit Gurkenrollen

Ein weiteres einfaches Gericht, welches Sie innerhalb von Minuten zubereiten können. Es ist proteinreich und voller Geschmack. Wenn Sie stark gewürzte Speisen lieben, und Sie nach etwas Einfachem suchen, dass Ihr Verlangen stillen kann, dann müssen Sie nicht weiter zu suchen.

Zeit: 5 Minuten

Portionen: 1

Zutaten für die Gurkenrollen:

- 1 EL Mayonnaise
- 2 TLKnoblauchpulver

- 2 TL Sriracha Sauce

- 1 Büchse Thunfisch (150 g)

- 1 Avocado (so breit wie die Gurkenstreifen geschnitten)

- 1 mittelgroße Gurke

- Schwarzer Pfeffer

- Salz

Zutaten für die Soße:

- 2 EL Mayonnaise

- 2 EL Sriracha Sauce

Anleitung:

1. Mit einem Sparschäler dünne Gurkenstreifen herstellen.

2. Überschüssige Flüssigkeit oder Öl vom Thunfisch abgießen. Den Thunfisch mit der Mayonnaise, dem Knoblauchpulver, der

Sriracha Sauce, Pfeffer und Salz in eine Schüssel geben, und alles gut vermischen.

3. Um die Gurkenrollen anzufertigen, legen Sie einen Gurkenstreifen auf eine flache Oberfläche. Die Thunfisch Mischung auf dem Streifen verteilen, aber am Ende etwa 2 ½ cm freilassen.

4. Avocado auf das Ende des Gurkenstreifens legen, und ihn stramm aufrollen.

5. Für die Soße, die Zutaten gut vermischen. Die Rollen mit der Soße beträufeln, und auftischen.

Heilbutt Ceviche

Wenn Sie Sushi, Poké und andere Gerichte mit rohem Fisch mögen, dann werden Sie auch dieses Ceviche Gericht lieben. Es ist ein ausgezeichnetes Rezept, wenn Sie noch nie rohen Fisch zubereitet haben. Und das Beste an diesem Rezept ist, dass Sie es einfach persönlich nach ihrem eigenen Geschmack gestalten können.

Zeit: 10 Minuten

Portionen: 2

Zutaten:

- 2 TL Brain Octane Oil

- 2 EL frischen, gehackten Koriander

- 2 EL eingelegte Radieschen (feingehackt, nach Belieben)

- 250 g Heilbutt (wild, Sushi-gradig, gewürfelt)
- 1 Frühlingszwiebel (in Scheiben geschnitten)
- 1 Limette (Saft)
- 1 kleine Avocado (gewürfelt)
- Schwarzer Pfeffer
- Salz

Anleitung:

1. Brain Octane Oil, Limettensaft und Salz in eine Schüssel geben, und mit dem gut vermengen.
2. Die restlichen Zutaten hinzufügen und vorsichtig schwenken.
3. Die Mischung halbieren und sofort auftischen. Wenn Sie nicht Sushi-gradigen Heilbutt

benutzen, können Sie die Speise ein paar Stunden in den Kühlschrank stellen, so dass der Limettensaft den Fisch „kochen" kann.

Räucherlachs-Salat mit Pfefferkörnern

Diese Speise sieht fantastisch aus, schmeckt prima, und ist so leicht vorzubereiten. Sie können dieses Gericht als leichte Mahlzeit, Vorspeise oder als Beilage zu einer mächtigen Speise genießen.

Egal, wofür Sie es planen, es wird Ihnen bestimmt gefallen.

Zeit: 5 Minuten

Portion: 1

Zutaten:

- 1 TL rosa Pfefferkörner (leicht zerstoßen)
- 55 g geräucherter Lachs
- 1 Handvoll Rucola Blätter (Rauke)
- 1 Zitronenscheibe
- 4 Oliven, (in Scheiben geschnitten)

Anleitung:

1. Die Oliven und die Rucola Blätter auf einen Teller legen.
2. Den geräucherten Lachs daraufleegen.
3. Den Lachs leicht mit rosa Pfefferkörnern bestreuen.
4. Ihn mit einer Zitronenscheibe verzieren und auftischen.

Geschwärzte Tilapia Tacos

Dieses einmalige Rezept enthält massenweise Geschmacksorten. Es ist füllend, gesund, und es wird Ihnen helfen, sich an Ihre Keto-Diät zu halten. Wenn Sie vorhaben, diese Tacos bei einer Party aufzutischen, ist es empfehlenswert, die Tortillas im Voraus zu machen, da der Vorgang Zeit in Anspruch nimmt. Auf diese Weise brauchen Sie nur die Füllung vorzubereiten und mit der Zusammensetzung zu beginnen.

Zeit: 1 Stunde 30 Minuten

Portionen: 5 Tacos

Zutaten für die Tacos Schalen:

- ¼ TL Keto-gerechter Süßstoff (wie z.B. Xanthan)
- ½ TL Currypulver
- 2 TL Olivenöl
- 2 EL Flohsamenschalenpulver
- 250 ml gefiltertes Wasser

- 110 g Goldleinsamenmehl

- Kokosmehl

- Olivenöl

Zutaten für den Tilapia:

- 1 TL Chilipulver

- 1 TL Paprika

- 5 Tilapia Filets

- Schwarzer Pfeffer

- Salz

Zutaten für den Krautsalat:

- 1 TL Apfelweinessig
- 1 EL Limettensaft
- 1 EL Olivenöl
- 50 g Rotkohl, (in feine Streifen geschnitten)

Zutaten für die Tacos:

- Gehackter Koriander
- Guacamole (Avocado Dip)
- Limettenscheiben
- Saure Sahne

Anleitung:

1. Die trockenen Taco-Schalen Zutaten mischen, dann 2 TL Olivenöl und 250 ml Wasser hinzufügen.

2. Die Zutaten gut vermischen, um einen leichten Teig zu formen. Den Teig unbedeckt für eine Stunde beiseitelegen.

3. Den Teig in 5 Blöcke teilen. Jeden dieser Blöcke auf Kokosmehl ausrollen, um Taco-Schalen zu formen. Sie können auch eine Taco-Presse benutzen.

4. Den Teig so dünn wie möglich ausrollen, und dann ein rundes Objekt benutzen, um ihn auszuschneiden.

5. Öl in einer Pfanne bei mittlerer Temperatur erhitzen, und die Taco-Schalen eine nach der anderen braten.

6. Die Krautsalat Zutaten in eine Schüssel geben. Sie gründlich mischen und den Salat beiseitelegen.

7. Die Tilapia Filets auf beiden Seiten reichlich mit Paprika, Chilipulver, Pfeffer und Salz würzen.

8. Das Olivenöl in einer Pfanne erhitzen. Sobald es heiß ist, die Tilapia Filets hineinlegen, und sie auf beiden Seiten 3 Minuten braten. Darauf achten, dass die Außenseite angeschwärzt wird.

9. Die Filets aus der Pfanne nehmen, sie beiseitelegen, und sie abkühlen lassen.

10. Um die Tacos zusammenzusetzen, mit den Tilapia Filets anfangen. Dann Krautsalat, saure Sahne und Guacamole dazufügen. Limettensaft über alle Tacos auspressen, und sie mit frischem Koriander garnieren.

Gebratener Kabeljau

Dieses ist noch eine schnelle, einfache Speise, mit all den richtigen Aromas – Butter, Zitrone und Kräuter. Es sieht schwierig aus, aber Sie können dieses Gericht tatsächlich innerhalb von einigen Minuten herbeizaubern. Es ist das perfekte Gericht für Faulenzer Tage.

Zeit: 10 Minuten

Portionen: 4

Zutaten für den Fisch:

- 6 EL ungesalzene Butter
- 4 Kabeljau Filets

Zutaten für die Würzung:

- ¼ TL Knoblauchpulver
- ¼ TL gemahlener Pfeffer
- ½ TL Salz
- ¾ TL Paprikapulver

- Zitronenscheiben
- Frische Kräuter

Anleitung:

1. Die Würzungszutaten in eine Schüssel geben, und sie gründlich mischen.
2. Die Kabeljau Filets reichlich würzen.
3. 2 EL Butter bei mittlerer bis hoher Temperatur erhitzen. Die Kabeljau Filets hinzugeben und sie etwa 2 Minuten braten.
4. Die Kabeljau Filets wenden, die restliche Butter hinzugeben und bei mittlerer Hitze 3 bis 4 Minuten weiterbraten.
5. Die Pfanne vom Herd nehmen, den Fisch mit Zitronensaft beträufeln, und mit Kräutern bestreuen.

Gebackener Seebarsch mit Pesto

Für dieses Rezept benötigen wir alltägliche Zutaten –die Zusammensetzung dieser einfachen

Elementen erschafft jedoch ein hervorragendes Gericht. Da Seebarsch ziemlich fettarm ist, erhöhen die anderen Zutaten den Fettgehalt, während sie obendrein den Geschmack verfeinern.

Zeit: 15 Minuten

Portionen: 2

Zutaten:

- 1 TL Butter, Kokosöl oder Ghee
- 1 EL frischer Zitronensaft
- 4 EL Pesto
- 2 Seebarsch Filets
- Salz

Anleitung:

1. Den Ofen auf 200°C vorheizen und ein Backblech mit Backpapier belegen.

2. Die Seebarsch Filets mit der Hautseite nach unten auf das Backblech legen. Die Oberseite mit Butter bepinseln, mit Salz bestreuen, und mit Zitronensaft beträufeln.

3. Das Backblech in den Ofen stellen, und die Seebarsch Filets etwa 10 Minuten backen.

4. Das Backblech aus dem Ofen nehmen, und das Pesto über die ganze Oberfläche der Filets streichen.

5. Das Backblech in den Ofen zurückschieben und 3 bis 5 Minuten weiterbacken.

6. Das Backblech aus dem Ofen nehmen, und die Seebarsch Filets vor dem Auftischen etwa 5 Minuten abkühlen lassen.

Gegrillter Schwertfisch am Spieß

Nahezu alles, was aufgespießt und gegrillt ist, ist eine Gaumenfreude. Dieses Mal werden Sie eine einmalige Speise auftischen, indem Sie Schwertfisch und Pesto Mayonnaise benutzen.

Das Tolle an diesem Rezept ist, dass Sie zur Abwechslung andere feste Fisch- und Meeresfruchtarten benutzen können.

Zeit: 20

Minuten

Portionen: 4 Spieße

Zutaten für die Spieße:

- 1 EL Olivenöl

- 500 g Schwertfisch (gewürfelt)

- 16 Kirschtomaten

- Schwarzer Pfeffer

- Salz

Zutaten für die Sauce:

- 60 g Mayonnaise
- 60 g Pesto

Anleitung:

1. Den gewürfelten Schwertfisch in vier Portionen teilen.

2. Abwechselnd Kirschtomaten und gewürfelten Schwertfisch aufspießen.

3. Mit Salz und Pfeffer würzen, dann mit Olivenöl beträufeln.

4. Den Grill etwa 5 Minuten vorheizen. Die Spieße darunterlegen.

5. Jede Seite der Schwertfischwürfel 1 Minute grillen. Die Garzeit hängt von der Dicke der Schwertfischwürfel an – dickere Würfel müssen eventuell mehr als 2 Minuten

gegrillt werden. Behalten Sie die Spieße also ständig im Auge.

6. Für die Sauce alle Zutaten in eine Schüssel geben, und diese gründlich vermischen. Die Spieße zusammen mit der Sauce auftischen.

Heilbutt Asado

Sie können dieses einzigartige und schmackhafte Gericht blitzschnell in Ihrer Küche zubereiten. Genauso wie bei anderen Weißfisch Rezepten, können Sie den Heilbutt mit anderen Fischarten austauschen, je nach Geschmack oder vorhandener Mittel. Sie werden es nicht abwarten können, in diese Geschmacksmischung zu beißen.

Zeit: 10 Minuten

Portionen: 3

Zutaten:

- 1 TL rote Paprikaflocken
- 2 EL Koriander
- 60 ml Macadamianussöl
- 750 g Heilbutt (in Stücke geschnitten)
- ½ Zitrone (Saft)
- ½ Limette (Saft)

- 2 Frühlingszwiebeln (gehackt)
- 3 Knoblauchzehen (feingehackt)
- Schwarzer Pfeffer
- Salz

Anleitung:

1. Alle Zutaten, mit Ausnahme des Heilbutts, in eine Schüssel geben. Solange verquirlen, bis alles gut vermischt ist.

2. Den Heilbutt in eine flache Auflaufform legen, die Marinade darüber gießen, und den Heilbutt darin schwenken, um die Oberfläche zu bedecken.

3. Die Auflaufform bedecken, und sie für 2 oder 3 Stunden in den Kühlschrank stellen.

4. Den Grill vorheizen, und den Rost mit Ghee oder Macadamianussöl einfetten. Den marinierten Fisch auf den Rost legen.

5. Den Fisch 5 Minuten pro Seite grillen. Der Fisch ist gar, wenn er flockig und milchigweiß ist. Den Fisch auf Teller legen und sofort auftischen.

Kapitel 4: Keto-gerechte Meeresfruchtrezepte

Wenn es um den Fischkonsum in der Keto-Diät geht, gibt es unendliche Möglichkeiten – und das bezieht sich ebenso auf andere Meeresfruchtarten. Fisch und Meeresfrüchte sind ausgezeichnete Proteinquellen, und je mehr Speisen Sie mit Meeresfrüchten machen, desto interessanter und abwechslungsreicher wird Ihre Keto-Diät sein. Nun, dass Sie schon einige einfache und leckere Fischrezepte kennengelernt haben, wird es an der Zeit, sich mit einer anderen Auswahl von Meeresfruchtgerichten zu beschäftigen. Lesen Sie weiter, um mehr zu lernen!

Gebratene Jakobsmuscheln mit Wasabi Mayonnaise

Dieses ist ein herrlich leichtes Gericht, welches Sie als Vorspeise, Beilage, oder als Hauptgericht auftischen können. Vorsichtiges Braten hebt seinen Geschmack hervor, besonders wenn Sie viel Butter benutzen! Wenn Sie dann die

Jakobsmuscheln mit Wasabi Mayonnaise verzieren, entsteht die perfekte Koombination.

Zeit: 20 Minuten

Portionen: 2

Zutaten:

- 1 TL Wasabi Paste
- 1 TL Wasser
- 1 EL Butter
- 2 EL Mayonnaise
- 2 Scheiben eingelegter Ingwer (gehackt)

- 8 große Jakobsmuscheln
- Schwarzer Pfeffer
- Schnittlauch
- Salz

Anleitung:

1. Die Wasabi Paste und Mayonnaise in eine kleine Schüssel geben und sie gut vermischen.
2. Die Jakobsmuscheln mit Küchenpapier trocknen, und sie mit Salz und Pfeffer würzen.
3. Die Butter in einer Bratpfanne bei mittlerer bis hoher Temperatur erhitzen. Wenn die Butter anfängt braun zu werden, die Jakobsmuscheln dazugeben, und auf beiden Seiten etwa 1 ½ Minuten braten.

4. Die Jakobsmuscheln auf zwei Teller setzen – je 4 Muscheln – und mit einem Schlag Wasabi Mayonnaise krönen.

5. Zum Schluss mit eingelegtem Ingwer und frischem Schnittlauch verzieren, und sofort auftischen.

Avocado mit Hummerfüllung

Die meisten Menschen denken sofort an vornehme Restaurants, wenn sie das Wort „Hummer" hören. Aber je mehr Sie sich mit Meeresfrucht Rezepten beschäftigen, desto schneller werden Sie erkennen, dass Hummer in Ihrer normalen Diät eine Rolle spielen kann – nicht nur zu besonderen Anlässen. Hier ist eine Speise, die das beweist.

Zeit: 15 Minuten

Portionen: 4

Zutaten:

- 1 EL Avocado Öl Mayonnaise
- 1 EL Zitronensaft (frisch)
- 2 EL Butter (geschmolzen)
- 500 g Hummerfleisch (zerkleinert, Zimmertemperatur)
- 2 Kalifornische Avocados (halbiert, entsteint)
- 1 Selleriestange
- 1 Frühlingszwiebel
- Schwarzer Pfeffer
- Schnittlauch (frisch, gehackt)
- Salz

Anleitung:

1. Hummerfleisch, Schnittlauch, Frühlingszwiebel und Sellerie in eine Schüssel geben.

2. Mayonnaise, Öl, Zitronensaft und Butter hinzufügen, und leicht schwenken, um es gleichmäßig zu bedecken. Mit Salz und Pfeffer würzen.

3. Die Avocado mit einem Löffel aushöhlen. Nur etwa 2 ½ cm Fleisch in der Schale lassen.

4. Die Hummermischung in die Avocado Schalen füllen – jeweils einen guten Klacks pro Schale.

5. Mit Schnittlauch verzieren und sofort auftischen.

Mexikanische Garnelen Gazpacho

Wenn Sie Gazpacho lieben, dann werden Sie ebenso diese Version des klassischen mexikanischen Gerichtes lieben. Die Mischung der leckeren Meeresfrüchte und der Suppe ist eine himmlische Zusammenstellung. Diese Keto-gerechte Speise ist vollgepackt mit kräftigen Aromen, die Sie immer wieder genießen möchten.

Zeit: 3 Stunden 15 Minuten

Portionen: 4

Zutaten für die Suppe:

- ½ TL Kreuzkümmel
- 1 EL Balsamico-Essig
- 120 ml Olivenöl

- 1 kg Strauchtomaten
- 1 Knoblauchzehe
- 1 Jalapeño
- 1 Limette (Saft)
- 1 mittelgroße Gurke
- 1 mittelgroße rote Zwiebel
- ½ rote Paprikaschote
- Meersalz

Zutaten für die Garnelen:

- ½ TL Knoblauchpulver
- ½ TL Paprika
- ½ TL Meersalz
- ½ EL Olivenöl
- 250 g Garnelen (geschält, entdarmt)

Zutaten für das Topping:

- 2 EL Gurke (gewürfelt)

- 2 EL rote Zwiebel (fein gehackt)

- 2 EL Tomaten (gewürfelt)

- 1 Jalapeño (dünn geschnitten)

- 1 mittelgroße Avocado (in Scheiben geschnitten)

Anleitung:

1. Die Suppenzutaten zerkleinern. Sie dann in einen Mixer geben. Kreuzkümmel, Balsamico Essig und Limettensaft dazugeben, und es pürieren, bis die Beschaffenheit ganz glatt ist.

2. Den Mixer auf einer tiefen Stufe laufen lassen, den Deckel abnehmen, und das Öl dazu träufeln, bis die Beschaffenheit cremig wird. Mit Meersalz würzen. Die Suppe in einen anderen Behälter umfüllen, und sie für mindestens 3 Stunden kühlen.

3. Die Garnelen erst kurz vor dem Auftischen der Gazpacho zubereiten. In einer kleinen Schüssel alle Garnelen Zutaten vorsichtig schwenken.

4. Eine Bratpfanne bei mittler bis hoher Temperatur erhitzen, die Garnelen hineingeben, und sie auf beiden Seiten etwa 3 bis 4 Minuten braten.

5. Die Suppe aus dem Kühlschrank nehmen, sie in Suppentassen löffeln, und die Garnelen darauf verteilen. Zuletzt Gurke, Zwiebel, Tomate, Jalapeño und Avocado dazugeben und anschließend auftischen.

Manhattan Clam Chowder

Diese herzhafte, gesunde Suppe ist einfach anzufertigen und ist außerdem auch kohlenhydratarm. Anstatt Kartoffeln, welche kohlenhydratreich sind, können Sie Sellerieknolle benutzen. Bereiten Sie diesen Feinschmecker

Chowder, um sich warmzuhalten, wann immer es draußen kalt ist.

Zeit: 30 Minuten

Portionen: 8

Zutaten:

- ½ TL Thymian (getrocknet)
- 2 EL Tomaten Püree
- 6 EL Butter
- 5 g Petersilie (frisch, gehackt)
- 90 g Paprikaschote (gewürfelt)

- 75 g Möhre (gehackt)
- 120 ml Weißwein
- 75 g Zwiebel (gehackt)
- 240 ml Muschelsaft
- 275 g Sellerieknolle (geschält und gewürfelt)
- 350 g Pflaumentomaten (ganz, mit Saft)
- 350 g Babymuscheln (Dose, mit Flüssigkeit)
- 1 Liter Hühnerbrühe
- 250 g Schinkenspeck (gewürfelt)
- 2 Lorbeerblätter
- 2 große Knoblauchzehen (grob gehackt)
- Schwarzer Pfeffer
- Salz

Anleitung:

1. Einen Suppentopf bei mittlere Hitze erhitzen. Sobald er heiß ist, eine kleine Menge Öl und den gewürfelten Schinkenspeck dazufügen. Den Speck beim gelegentlichen Umrühren etwa 5 Minuten braten, bis er knusprig ist.

2. Bei schwächerer Hitze Paprikaschote, Möhren, Zwiebel, Sellerieknolle und Knoblauch dazufügen. Alles umrühren und weiterbraten.

3. Den Wein hinzufügen und den Topf zudecken. Das Gemüse 2 oder 3 Minuten schwitzen lassen.

4. Den Deckel abnehmen, umrühren, und dann Lorbeerblätter, Tomatenpüree und Thymian hinzufügen.

5. Die Tomaten zerquetschen, und sie mit Saft, Muschelsaft und Hühnerbrühe in den Topf geben.

6. Bei höherer Hitze die Suppe aufkochen lassen. Sobald sie anfängt zu kochen, Hitze senken, und sie für 15 Minuten ziehen lassen.

7. Die Muscheln dazugeben, und den Chowder weiterhin ziehen lassen. Die Butter dazugeben, und rühren, bis sie geschmolzen ist.

8. Mit Salt und viel Pfeffer würzen, um den herzhaften Geschmack der Suppe hervorzuheben. Zum Schluss die Petersilie hineinrühren, und den Chowder heiß auftischen.

Gebratene Softshell Krabbe

Wer ist denn kein Fan von Gebratenem? Diese Speise ist knusprig, herzhaft und ganz unwiderstehlich. Machen Sie einmal etwas anderes als die normalen Krabbengerichte, und stellen Sie einen Schub von panierten Softshell Krabben her, die perfekt gebraten sind.

Zeit: 16 Minuten

Portionen: 2

Zutaten:

- 4 EL Barbecue Sauce
- 100 g Schweineschmalz
- 50 g Parmesan Käse (gerieben)
- 2 Eier (geschlagen)
- 8 Softshell Krabben

Anleitung:

1. Eine Bratpfanne mit dem Schweineschmalz bei mittlerer bis hoher Hitze erhitzen.

2. Die Krabben mit Küchenpapier trocknen.

3. Den Parmesan und die Eier auf zwei flache Platten geben.

4. Eine Krabbe erst ins Ei tunken, Überschüssiges abklopfen, sie dann in den Parmesan pressen. Darauf achten, dass sie ganz gleichmäßig bedeckt ist. Den Vorgang mit den restlichen Krabben wiederholen.

5. Die Krabben schubweise ins Öl geben, und sie auf beiden Seiten etwa 2 Minuten kochen.

6. Die Krabben heiß, mit Barbecue Sauce zum Eintunken, auftischen.

Cajun-Garnelen in Poblano-Chilis

Paprikaschoten sind großartig – man kann sie mit allem Möglichen füllen, darunter Fleisch, Meeresfrüchte, Käse und mehr. Und am Ende hat man die Wahl, ob man sie backt oder füllt. Dieses vielseitige Rezept können Sie auf verschiedene

Weisen ändern, je nach Ihren Vorlieben. Um Ihnen zu zeigen, wie simpel es ist, gefüllte Paprikaschoten zuzubereiten, ist hier ein einfaches Rezept für Sie.

Zeit: 55 Minuten

Portionen: 2

Zutaten:

- 2 TL Olivenöl
- 1 EL Cajun Gewürzmischung (oder mehr, nach Belieben)
- 1 EL scharfe Sauce (Ihre Wahl)

- 115 g Ziegenkäse
- 65 g Manchego Käse
- 150 g Zwiebel (gehackt)
- 325 g Garnelen (geschält und entdarmt)
- 1 Jalapeño (gehackt)
- 2 große Poblanos
- 2 Knoblauchzehen
- 12 Basilikum Blätter
- Koriander (frisch, gehackt)

Anleitung:

1. Die Poblanos auf ein Backblech legen und sie etwa 10 Minuten im Ofen bei 200°C garen. Die Haut sollte versengt und angeschwollen sein.

2. Die Poblanos aus dem Ofen nehmen, sie eine Weile abkühlen lassen, dann die Haut abziehen.

3. Die Poblanos halbieren und die Samen herauslöffeln. Die Poblanos auf ein großes, mit Backpapier belegtes, Backblech legen.

4. Die Garnelen und die Cajun Gewürzmischung in eine Schüssel geben, und sie vorsichtig schwenken, um die Garnelen ringsum zu bedecken.

5. Das Olivenöl in einer Pfanne bei mittlerer Hitze erhitzen. Jalapeño und Zwiebeln hineingeben, und 5 Minuten dünsten.

6. Knoblauch dazugeben, und eine weitere Minute dünsten. Das Gemüse aus der Pfanne nehmen, und es in einer Schüssel beiseitelegen.

7. Die Garnelen in dieselbe Pfanne geben, und sie 2 oder 3 Minuten pro Seite braten.

8. Die Garnelen aus der Pfanne nehmen, sie etwas abkühlen lassen, sie dann grob hacken und zu dem gekochten Gemüse hinzugeben.

9. Basilikum Blätter, Ziegenkäse, Manchego Käse und die scharfe Sauce dazugeben, und alles gründlich vermischen.

10. Die Poblanos mit der Mischung füllen.

11. Das Backblech in den Ofen schieben, und die Poblanos bei 190°C in 20 bis 30 Minuten garen.

12. Mit Koriander bestreuen und auftischen.

Hummer Cobb Salat

Dieses Gericht verleiht dem klassischen Cobb Salat eine leichte, sommerliche Note. Es ist eine sehr einfache Speise, die wieder die Gelegenheit bietet, Hummer auf eine köstliche und gesunde Weise zu benutzen. Sie können entweder den Hummer selbst kochen, oder Sie können ihn im

Fischgeschäft dünsten lassen. Sie können in diesem Rezept den Hummer auch mit Garnelen oder Krabben ersetzen.

Zeit: 20 Minuten

Portionen: 2

Zutaten für den Salat:

- 40 g Avocado (gewürfelt)

- 90 g Maiskörner

- 60 g Traubentomaten (geviertelt)

- 470 g Hummerfleisch (gekocht, gekühlt, gehackt)

- 150 g Junge Salatblätter
- 2 Eier (hartgekocht, in Scheiben geschnitten)
- 4 Speckstreifen (gebraten, zerbröckelt)

Zutaten für das Dressing:

- 1 TL Dijon-Senf
- 4 EL Olivenöl
- 2 EL rote Zwiebel (gehackt)
- 3 EL Rotweinessig
- Koscher Salz

Anleitung:

1. Alle Dressing Zutaten in eine Schüssel geben, sie gründlich verquirlen und beiseitelegen.

2. Den Salat anrichten. Mit 75 g der jungen Salatblätter anfangen, dann die anderen Salat Zutaten darauf geben.

3. Mit der Vinaigrette beträufeln, und auftischen.

Würziger Austern Ragout

Diese gegrillten Austern haben es in sich. Wenn Sie ein Liebhaber von würzigen Meeresfruchtspeisen sind, liegen Sie hier richtig. Es ist einfach vorzubereiten, und besteht aus nur fünf Zutaten. Einfacher geht es nicht, außer Sie schlürfen die Austern roh!

Zeit: 12 Minuten

Portionen: 2

Zutaten:

- 1 EL Chili-Knoblauch Paste

- 1 EL Olivenöl

- 12 Austern (enthülst)
- 7 Basilikum Blätter (frisch)
- Salz

Anleitung:

1. Olivenöl, Chili-Knoblauch Paste und Salz in einer Schüssel mischen.
2. Die Austern dazugeben, und sie vorsichtig darin schwenken.
3. Die Basilikum Blätter einschichtig auf ein Backblech legen.
4. Die Austern mit der Sauce über die Basilikum Blätter schütten, und sie gleichmäßig ausbreiten.
5. Das Backblech unter den vorgeheizten Grill schieben, und es 2 bis 3 Minuten grillen lassen.
6. Das Backblech herausnehmen und die Austern auftischen.

Gebratene Jakobsmuscheln mit Knoblauch-Zitronen-Butter

Mit gebratenen Jakobsmuscheln liegen Sie nie falsch. Hier ist ein weiteres Jakobmuschelgericht, welches einfach und scharf ist, und die natürlichen, süßen Aromen des saftigen Schalentiers hervorbringt. Genießen Sie es mit einem fetthaltigen Salat, und Sie werden sich den ganzen Tag gesättigt fühlen.

Zeit: 15 Minuten

Portionen: 4

Zutaten:

- 1 EL Schnittlauch (frisch, gehackt)

- 3 EL Olivenöl

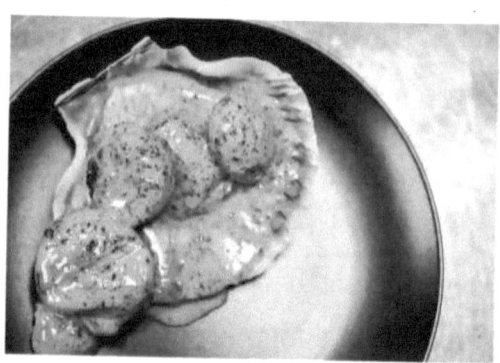

- 4 EL Butter

- 4 EL Petersilie (frisch, gehackt)

- 70 ml Hühnerbrühe

- 680 g Jakobsmuscheln (frisch, vorbereitet)

- 1 Knoblauchzehe (fein gehackt)

- 1 Zitrone (Saft und Schale)

- Schwarzer Pfeffer

- Salz

Anleitung:

- Das Olivenöl in einer Pfanne auf heißer Flamme erhitzen.

- Sobald es heiß ist, die Temperatur etwas senken, und die Muscheln schubweise hineingeben. Sie auf beiden Seiten etwa 3 Minuten braten.

- Die Muscheln herausnehmen und sie beiseitelegen.

- 3 EL Butter und den Knoblauch in dieselbe Pfanne geben. Den Knoblauch schwitzen, bis er weich ist. Die Hühnerbrühe dazugeben, und weiterkochen, bis sie etwas gebunden ist.

- 2 EL Butter, Zitronensaft, Zitronenschale und Kräuter dazugeben, und das Ganze sorgfältig vermischen.

- Die gebratenen Muscheln dazugeben, um sie aufzuwärmen. Sofort auftischen.

Pilze mit Krabben- und Schinkenspeck Füllung

Krabbe und Schinkenspeck? Kann man sich etwas Besseres wünschen? Diese zwei Hauptzutaten lassen schon das Wasser im Mund zusammenlaufen! Aber wenn Sie erst das Ergebnis sehen (und kosten), werden Sie dieses Gericht immer wieder kochen wollen.

Zeit: 50 Minuten

Portionen: 5

Zutaten:

- 1 EL Dijon Senf

- 60 ml saure Sahne

- 35 g ausgereifter Käse (Cheddar, gerieben)

- 50 g Parmesan Käse (gerieben)

- 170 g Rahmkäse (leicht gewärmt)

- 340 g Krabbenfleisch (frisch)

- 150 g Zuchtchampignons (ohne Stiele, gesäubert)

- 3 Knoblauchzehen (fein gehackt)

- 3 Frühlingszwiebeln

- 6 Schinkenspeck Streifen (gebraten, zerbröckelt)

- Schwarzer Pfeffer

- Meersalz

Anleitung:

1. Den Ofen auf 200°C vorheizen, und ein Backblech mit Backpapier belegen.

2. Die Champignon Hüte auf das Backblech legen, und sie etwa 10 Minuten backen.

3. Das Backblech herausnehmen, überschüssige Flüssigkeit, die sich womöglich angesammelt hat, wegschütten, und die Pilze beiseitelegen.

4. Die restlichen Zutaten, mit Ausnahme des Parmesans, in eine Schüssel geben und sorgfältig vermischen.

5. Die Krabben Mischung auf den Champignons verteilen.

6. Das Backblech in den Ofen zurückschieben, und die Champignon Hüte weitere 10 Minuten backen.

7. Das Backblech aus dem Ofen nehmen, den Parmesan auf den Pilzen verteilen, und das Backblech in den Ofen zurückschieben.

8. Die Pilz Hüte nochmals 5 bis 10 Minuten backen, und sie heiß auftischen.

Gemischter Meeresfrucht Schmortopf

Dieser Keto-gerechte Schmortopf ist durch seine cremige Soße, die delikate Würzung, und die Andeutung von Wein gekennzeichnet. Durch die Zugabe von Sellerie und Porree wird diese Speise noch schmackhafter und gesünder. Aber das Beste an diesem Gericht sind die verschiedenen Meeresfruchtarten, von denen Sie bei jedem Bissen überrascht werden.

Zeit: 50 Minuten

Portionen: 6

Zutaten für die Meeresfrüchte:

- ½ TL Old Bay Seasoning
- 240 ml trockener Weißwein
- 240 ml Wasser
- 300 g Kabeljau (gewürfelt)
- 500 Garnelen (geschält, entdarmt)
- 2 Lorbeerblätter

Zutaten für das Gemüse:

- 2 EL Butter
- 2 Selleriestangen (gewürfelt)
- 2 Porree Stangen (nur der weiße Teil, gewaschen, in Ringe geschnitten)
- Meersalz

Zutaten für die Soße:

- ½ TL Keto-gerechtes Süßstoff (z.B. Xanthan)
- 1 EL Butter
- 240 ml Schlagsahne
- Meersalz

Zutaten für Topping:

- 2 TL Old Bay Seasoning
- 1 EL Butter

- 1 EL Petersilie (frisch, gehackt)

- 50 g Parmesan Käse (gerieben)

- 25 g Mandelmehl (extra fein)

Anleitung:

1. Den Ofen auf 200°C vorheizen.

2. Trockenen Weißwein, Wasser, Old Bay Seasoning und Lorbeerblätter in einem Topf bei hoher Hitze erhitzen. Es drei Minuten ziehen lassen.

3. Es drei weitere Minuten bei niedriger Hitze ziehen lassen.

4. Die Garnelen in den Topf geben, und sie weiter ziehen lassen, bis die Garnelen weiß und undurchsichtig sind. Sie in eine Schale geben und beiseitelegen.

5. Den Kabeljau in den Topf geben, und ihn ziehen lassen, bis die Kabeljau Stücke

milchig weiß sind. Sie in eine andere Schüssel geben, und beiseitelegen.

6. Die Flüssigkeit bei mittlerer Hitze weitersieden lassen, um sie zu reduzieren. Wenn nur noch etwa 240 ml übrig sind, sie vom Herd nehmen, absieben, und beiseitelegen.

7. In einem anderen Topf, 2 EL Butter bei mittlerer bis hoher Hitze schmelzen. Den Sellerie und den Lauch dazugeben, mit Meersalz würzen. Das Gemüse braten, bis es gar ist und es anfängt zu bräunen. Den Topf vom Herd nehmen.

8. Das Gemüse in einer Schicht in eine Auflaufform legen. Eine einzige Schicht Meeresfrüchte darauflegen. Dann beiseitelegen.

9. Einen Esslöffel Butter und den Süßstoff in den Topf geben, in dem das Gemüse gekocht wurde.

10. Die reduzierte Flüssigkeit in den Topf gießen. Ununterbrochen rühren, bis die Mischung anfängt zu sieden. Temperatur senken, und die Mischung ziehen lassen.

11. Sobald die Mischung verdickt ist, die Sahne dazugeben. Zum Kochen bringen, dann ziehen lassen. Dabei ununterbrochen rühren, bis sie die Beschaffenheit einer Bratensoße erreicht hat.

12. Sobald die Beschaffenheit richtig ist, die Soße über die Meeresfrüchte und das Gemüse gießen.

13. Alle Topping Zutaten in einer Schüssel vermischen, mit der Ausnahme der Petersilie. Gut mischen, und über dem Auflauf verteilen.

14. Die Auflaufform in den Ofen schieben und 20 Minuten backen.

15. Die Auflaufform aus dem Ofen nehmen, mit Petersilie garnieren, und sofort auftischen.

Shirataki Garnelen Pad Thai

Dieses ist ein leichtes, schmackhaftes Gericht, für welches Shirataki Nudeln benutzt werden, um es für die Keto-Diät konform zu machen. Es ist eine raffinierte und interessante Wendung des klassischen Thai Gerichtes. Dieses Pad Thai hat eine frische, delikate Sauce, die köstlich ist – egal ob Sie es sofort essen, oder sptäer die Überreste kalt genießen.

Zeit: 20 Minuten

Portionen: 3

Zutaten:

- ¼ TL rote Paprika (zerstoßen)
- 1 TL Cashewnuss Butter
- 1 ½ EL Brain Octane Oil
- 2 EL Kokos Aminos
- 15 g Koriander
- 265 g Shirataki Nudeln (gekocht)
- 1 Knoblauchzehe (fein gehackt)
- 1 Limette (Saft)
- 2 Eier (geschlagen)

- 2 Frühlingszwiebeln
- 4 Cashews (zerstoßen)
- 18 mittelgroße Wildgarnelen
- Meersalz

Anleitung:

1. Rote Paprika, Cashewnuss Butter, die Hälfte des Brain Octane Oils, Kokos Aminos, Knoblauch und die Hälfte des Limettensafts in eine Schüssel geben.

2. Eine Bratpfanne bei mittlerer Hitze erhitzen. Die Garnelen, Meersalz nach Geschmack, und den Rest des Brain Octane Oils hineingeben. Die Garnelen auf beiden Seiten 2 Minuten braten.

3. Die Garnelen zur Seite schieben, und die Eier in die Pfanne geben. Die Eier etwa 1 Minute rühren.

4. Die Nudeln, die Soßen-Mischung, Frühlingszwiebeln und den Koriander dazufügen, alles schwenken, um es zu vermischen.

5. Zum Schluss den restlichen Limettensaft über die ganze Pfanne träufeln, und mit Salz abschmecken.

6. Das Pad Thai auf drei Tellern anrichten, mit zerstoßenen Cashews garnieren, und auftischen.

Gebackene Hummerschwänze mit Knoblauchbutter

Diese köstlichen Hummerschwänze werden mit Butter, Parmesan Käse und Knoblauch umhüllt, und dann perfekt gebacken. Es ist ein schmackhaftes Gericht, das Sie im Handumdrehen zusammenstellen können. Kochen Sie es für sich selbst, oder um Ihre Lieben mit dieser eleganten, und dennoch einfachen, Speise zu beeindrucken.

Zeit: 15 Minuten

Portionen: 4

Zutaten:

- 1 TL italienische

Gewürzmischung

- 4 EL Butter
- 25 g Parmesankäse (gerieben)
- 1 Zitrone (Saft)
- 4 Hummerschwänze
- 5 Knoblauchzehen (fein gehackt)
- Salz

Anleitung:

1. Den Ofen auf 180°C heizen, und ein Backblech mit Backpapier belegen.

2. Die italienische Gewürzmischung, Butter, Parmesan Käse, Zitronensaft, Knoblauch und eine Prise Salz in eine Schüssel geben, und gut vermischen.

3. Die durchsichtige Haut der Hummerschwänze mit einer scharfen Schere entfernen.

4. Die Hummerschwänze mit der Knoblauchbutter-Mischung bestreichen.

5. Die Schwänze auf das Backblech legen.

6. Das Backblech in den Ofen schieben, und die Hummerschwänze etwa 15 Minuten backen. Wenn das Hummerfleisch undurchsichtig und fest geworden ist, ist es gar. Sofort auftischen.

Garnelen und Maisgrütze mit Rucola (Rauke)

Blumenkohl ist heutzutage einer der beliebtesten Gemüsearten, weil man sie auf so viele verschiedene Weisen kochen kann, und sie in einer Vielfalt von Rezepten benutzen kann. In diesem Rezept werden Sie Blumenkohl benutzen, um „Grütze" zu machen. Es ist ein weiteres köstliches und erfinderisches Rezept, welches so geändert wurde, dass es für die Keto-Diät geeignet ist.

Zeit: 30 Minuten

Portionen: 4

Zutaten für die Garnelen:

- ½ TL Cayennepfeffer

- 2 TL

  Knoblauchpulver

- 1 EL Olivenöl

- 1 EL Paprika

- 1300 g Garnelen (geschält, entdarmt)

- Schwarzer Pfeffer

- Salz

Zutaten für die Grütze:

- 1 EL Butter (ungesalzen)

- 115 g Ziegenkäse (zerbröckelt)

- 250 ml Vollmilch

- 1300 g gepresster Blumenkohl
- Schwarzer Pfeffer
- Salz

Zutaten für die Rucola:

- 1 EL Olivenöl
- 120 g junger Rucola
- 3 Knoblauchzehen (in dünne Scheiben geschnitten)
- Schwarzer Pfeffer
- Salz

Anleitung:

1. Die Garnelen in einen Beutel mit Reißverschluss geben.

2. Cayennepfeffer, Knoblauchpulver, Paprika, Salz und Pfeffer in eine Schüssel geben, und gründlich vermischen.

3. Diese Gewürzmischung in den Beutel mit den Garnelen schütten. Den Beutel verschließen und gut durchschütteln, um die Garnelen gleichmäßig zu bedecken.

4. Den Beutel in den Kühlschrank legen, um die Garnelen zu kühlen und zu beizen. Die Grütze und den Rucola vorbereiten.

5. Die Butter in einem Topf bei mittlerer Hitze schmelzen. Den zerpflückten Blumenkohl dazugeben, und ihn etwa 3 Minuten kochen, um ihn etwas auszutrocknen.

6. Die Hälfte der Milch dazu gießen und sie zum Köcheln bringen. Die Mischung etwa 8 Minuten köcheln lassen. Ab und zu rühren.

7. Die restliche Milch dazu gießen, und sie weitere 10 Minuten köcheln lassen, bis die Beschaffenheit cremig und dick ist.

8. Den Ziegenkäse hineinrühren, mit Salz und Pfeffer abschmecken, und die Mischung warmhalten.

9. Das Olivenöl bei mittlerer Hitze in einer Bratpfanne erhitzen.

10. Den Knoblauch dazugeben und für eine Minute kochen, bis er duftet.

11. Den jungen Rucola dazugeben und etwa 3 Minuten braten, bis die Blätter zusammengefallen sind.

12. Mit Salz und Pfeffer abschmecken, ihn in eine Schale geben, und ihn beiseitelegen.

13. Mehr Olivenöl in die Pfanne gießen. Die gewürzten Garnelen dazugeben, und etwa 5 Minuten braten.

14. Das Gericht auf 4 Tellern anrichten. Erst die Grütze auf die Teller löffeln, die Garnelen und den Rucola darauf verteilen, und sofort servieren.

Zoodles und Garnelen in Heller Soße

Dieses Gericht ist leicht, erfrischend, und mit genau den richtigen Aromen vollgeladen. Es ist erstaunlich einfach, und erweist sich als sehr sättigende Mahlzeit. Anstatt von kohlenhydratreichen Nudeln, benutzen wir Zoodles – Zucchini Nudeln.

Zeit: 20 Minuten

Portionen: 4

Zutaten:

- 1 TL Zitronenzeste (frisch gerieben)
- 1 EL Knoblauch (fein gehackt)
- 2 EL Zitronensaft
- 2 EL Olivenöl
- 55 g Butter
- 6g Petersilie
- 250 ml trockener Weißwein
- 600 g kleine Muscheln (Klaffmuscheln)
- 600g Zoodles
- Schwarzer Pfeffer
- Salz

Anleitung:

1. Olivenöl, Butter, Salz und Pfeffer in einem Topf bei mittelhoher Hitze verrühren.

2. Knoblauch dazugeben und etwa 2 Minuten braten, bis er duftet.

3. Zitronensaft und Wein dazugeben, ziehen lassen, bis die Mischung etwas reduziert ist, etwa 2 oder 3 Minuten.

4. Die kleinen Muscheln dazugeben, und sie 2 bis 3 Minuten kochen lassen, oder bis sich alle Muscheln geöffnet haben. Die Muscheln, die sich nicht öffnen, wegwerfen.

5. Den Topf vom Herd nehmen und die Zoodles dazugeben.

6. Vorsichtig schwenken, bis die Nudeln ganz überzogen ist. Dann beiseitelegen, bis sie weich genug sind.

7. Die Zitronenzeste und die Petersilie hineinrühren. Nach Belieben mit Topping wie Käse, Schinkenspeck, roten Paprikaflocken, und mehr garnieren.

Schlussbemerkung: Es ist an der Zeit, sich in der Küche an die Arbeit zu machen

So, jetzt haben Sie die benötigten Grundlagen, um großartige Speisen in Ihrer Küche vorzubereiten. Die Tage, an denen Sie mit Ihrer Diät nicht mehr weiterkamen, und die Langeweile Sie fast dazu trieb, zu Ihren ehemaligen Ernährungsgewohnheiten zurückzukehren, sind jetzt hinter Ihnen. Jeder, der gerade mit der Keto-Diät beginnt, findet es schwer, sich an den eingeschränkten Diätplan zu halten – aber von jetzt an muss das für Sie kein Problem mehr sein.

Eine der wirksamsten und nachhaltigsten Methoden, um sich an eine neue Diät zu halten – besonders an die ketogene Diät, welche ziemlich einschränkend ist, und die mit mancherlei Regeln verbunden ist – ist selbst zu kochen. Dies ist wahrscheinlich der Grund, warum Sie sich ursprünglich entschieden haben, dieses Buch zu kaufen. Sie wollten mehr Abwechslung in Ihren Diätplan bringen, indem Sie lernen, wie man

Keto-gerechte Fisch- und Meeresfruchtrezepte kocht. Die gute Nachricht ist, dass das genau das ist, was Sie anhand dieses Buches gelernt haben. Abgesehen von den Rezepten, haben wir Ihnen informationsreiche Kapitel über Fisch, Meeresfrüchte, die Vorteile dieser gesunden Nährmittel, und vieles mehr, angeboten.

Im ersten Kapitel haben Sie mehr über Fisch gelernt – die Arten, die Sie essen können, die Arten, die Sie vermeiden sollten, und warum es eine großartige Idee ist, Fisch zu essen, wenn man der Keto-Diät folgt. Im zweiten Kapitel haben Sie dieselbe Information über Meeresfrüchte bekommen. Ihre neuen Kenntnisse auf diesem Gebiet helfen Ihnen, bessere Entscheidungen zu treffen, welche Meeresfruchtarten Sie in Ihre Diät einschließen können. Außerdem haben Sie von den gesundheitlichen Vorteilen gelernt, welche Fisch und Meeresfrüchte mit sich bringen. Dies hilft Ihnen zu verstehen, warum Sie mehr davon essen sollten, wenn Sie sich ketogen ernähren.

Im dritten und vierten Kapiteln haben Sie einige Fisch- und Meeresfruchtrezepte kennengelernt, welche Sie in Ihrer eigenen Küche anfertigen können. Ob Sie ein Neuling in der Küche sind, oder Sie schon vor dem Beginn der Keto-Diät selbst gekocht haben – Sie können mühelos diese

Gerichte zubereiten, indem Sie die einfachen Schritte, die in diesen Rezepten dargestellt wurden, nachmachen. Nun, da Sie mit so viel guter Information ausgerüstet sind, ist es an der Zeit, dass Sie sich an die Arbeit machen!

Keto-Kekse und Snacks

Entdecken Sie das Geheimnis der Herstellung von Low Carb ketogenen Keksen und Snacks, die fantastisch schmecken

Von: Amy Moore

© **Copyright 2019 : Amy Moore Alle Rechte vorbehalten**

Der Inhalt dieses Buches darf ohne schriftliche Genehmigung der Schriftstellerin oder des Verlegers nicht kopiert, dupliziert oder übermittelt werden.

Unter keinen Umständen übernehmen der Verleger oder die Schriftstellerin Verantwortung für Schaden, Entschädigung oder Geldverluste aufgrund der Information in diesem Buch, weder direkt oder indirekt.

Impressum:

Dieses Buch ist urheberrechtlich geschützt. Es ist nur für den persönlichen Gebrauch vorgesehen. Es ist verboten, ohne Genehmigung der Schriftstellerin oder des Verlegers, den Inhalt dieses Buches, im Ganzen oder teilweise, zu ändern, verteilen, verkaufen, benutzen, zitieren oder zu paraphrasieren.

Ausschlussklausel:

Bitte beachten Sie, dass die Information in diesem Buch nur zum Bildungs-und-Unterhaltungszweck vorgesehen ist. Alle Aufwände wurden gemacht, um genaue, aktuelle, zuverlässige und vollständige Auskünfte zu präsentieren. Ohne Gewähr. Der Leser erkennt an, dass die Schriftstellerin nicht versucht gesetzlichen, finanziellen, medizinischen oder sachkundigen Rat zu geben. Der Inhalt dieses Buches stammt von verschiedenen Quellen. Bitte lassen Sie sich von einem zugelassenen Experten beraten, bevor sie die in diesem Buch beschriebenen Techniken versuchen.

Indem der Leser dieses Buch weiterhin benutzt, stimmt er zu, dass die Schriftstellerin unter keinen Umständen für direkte oder indirekte Verluste verantwortlich ist, die durch die Benutzung der Anweisungen in diesem Dokument entstehen, einschließlich, aber nicht ausschließlich, durch eventuelle Fehler, Auslassungen oder Ungenauigkeiten.

Amerikanischer Originaltitel: Keto Kekse and Snacks

Deutsche Bearbeitung: Ingrid Taylor

Inhaltsverzeichnis

Einführung   8

Was bedeutet „Keto"?   13

Keto-Diät zum Abnehmen   15

Tipps für den Keto-Erfolg   18

Viel Schlafen   18

Regelmäßiger Sport   19

Trinken Sie genug   20

Berechnen Sie Ihre Makros   21

Keto-konforme Zutaten   23

Fett (eine große Menge)   24

Protein (in Maßen)   25

Kohlenhydrate (geringer Verzehr)   26

Glücklich Leben mit Keto   27

Keto Schoko-Kekse   29

Keto Kroketten 33

Schinkenspeck Guacamole Bomben 37

Knuspriger Rosenkohl mit Schinkenspeck 42

Keto Sushi שגיאה! הסימניה אינה מוגדרת.

Keto-konforme Brezel-Snacks 52

Paprika Nachos 58

Keto Salat Sandwiches 63

Buffalo Zucchini Boote 66

Keto Chips 71

Keto Eier Muffins 75

Keto Knoblauchbrot 79

Keto Blaukäse-Dressing 84

Keto Cheetos 87

Erdnussbutter Keto Cups 92

Keto Müsli und Erdnussbutter 97

Hausgemachte Speckgrieben (Schweine Schwarte) 101

Avocado Eier Salat 107

Acai Mandelbutter Smoothies 112

Keto Schokoladen Muffins 115

Erdbeer-Fettbomben 119

Guacamole Dip mit Schweinespeck Chips 122

Keto Tuna Salat 126

Schlussbemerkung 129

Einführung

Herzlichen Glückwunsch!

Sie haben den ersten und wichtigen Schritt gemacht, um eine gesündere und fittere Version Ihrer selbst zu werden! Indem Sie sich entschlossen haben, dieses Buch zu lesen, sind Sie in eine Welt voller neuer Möglichkeiten eingetreten. Nicht jeder behält ein gesundes Bewusstsein über ihre Ernährung. Dies ist der Grund, wieso heutzutage so viele Leute an verschiedenen Krankheiten und ernährungsbedingten Gesundheitsschäden leiden. Aber Sie fangen an, sich darum zu bemühen. Sie versuchen von der Norm abzuweichen. Sie wollen nicht Teil einer erschreckenden Gesundheitsstatistik der Menschen werden, die aufgrund falscher Ernährung verschiedenste Erkrankungen erleiden müssen. Es ist wahr, Sie verdienen ein besseres Schicksal. Und es fängt damit an, dass Sie auf sich aufpassen. Und es beginnt alles damit, Ihre Lebensart mit kleinen, aber ausschlaggebenden, Umstellungen zu verbessern. Das ist der Grund, warum Sie sich dazu entschlossen haben, dieses Kochbuch aufzuschlagen.

Es ist sehr wichtig, das Wort „Lebensweise" zu betonen, denn die Keto-Diät ist mehr als eine Schlankheitskur. Es gibt viele Menschen, die denken, dass eine Keto-Diät nur eine Änderung ihrer Essgewohnheiten bedeutet, und sie daher automatisch Ergebnisse erwarten. Aber das ist nicht die Wirkungsweise dieser Diät. Natürlich spielt Ihre Ernährung eine große Rolle für Ihre Gesundheit und Ihr Wohlbefinden. Sie ist jedoch nicht der einzige Einflussfaktor, sondern Sie müssen ebenso in Betracht ziehen, ob sie beispielsweise den ganzen Tag auf Ihrem Stuhl sitzen, während sie am Computer arbeiten. Sind Sie übergewichtig und müssen etwas für Ihre Figur tun? Haben Sie Erkrankungen, wie zum Beispiel Bluthochdruck oder erhöhte Cholesterinwerte? Diese Umstände müssen alle in Betracht gezogen werden, wenn Sie Ihren neuen Lebensstil beginnen. Der ganze Sinn der Keto-Diät besteht darin, gesund und stark zu bleiben. Aber gesund zu sein bedeutet nicht nur, sich richtig zu ernähren. Es geht darum, richtig zu leben. Und die Philosophie der Keto-Diät sollte nur ein Ergänzungsmittel zu der gesunden Lebensweise darstellen, welche Sie schon führen.

Um eine Einsicht zu bekommen, welche Auswirkungen die Keto-Lebensart auf ihr Leben haben wird, müssen sie erst einmal verstehen, was Keto genau ist – was die Ziele sind, und wie sie möglicherweise auf Ihr Leben einwirkt. Möglicherweise wollen Sie sofort ganz begeistert zur Sache kommen, nämlich zu den Rezepten. Das ist ja schließlich der Grund, weshalb Sie sich für dieses Buch entschlossen haben, nicht wahr? Und das ist prima! Allerdings empfehle ich, dass Sie erst die Grundlagen der Keto-Diät verstehen, bevor Sie sich hineinstürzen! Es ist wie bei Schlankheitskuren. Wenn Sie sich hineinstürzen, ohne sich vorher zu informieren, dann ist die Wahrscheinlichkeit hoch, dass Sie die Sache falsch angehen. Das könnte sehr gefährlich sein, da Sie letztendlich mehr Schaden als Nutzen anrichten könnten. Die Keto-Diät ist eine bahnbrechende Diät, sie ist einmalig. Sie ist überhaupt nicht wie andere Schlankheitskuren, und es gibt einige strikte Regeln, welche Sie beherzigen sollten, wenn Sie sie richtig ausführen möchten.

Aber machen Sie sich keine Sorgen – die Hauptattraktion dieses Buches werden natürlich die Rezepte sein. Sehen Sie diese Einführung lediglich als einen Schnellkurs an.

Das Ziel dieses Schnellkurses ist nur Ihnen zu erläutern, was Keto ist, warum es ist, was es ist, und welchen Nutzen Sie möglicherweise daraus ziehen könnten.

Also fragen wir uns …

Was bedeutet „Keto"?

Die Keto-Diät, so wie wir sie heute kennen, ist in der Tat eine Ernährungs- Philosophie, die sich durch Forschung und Praxis mehrerer Jahrzehnte entwickelt hat. Keto, welches die Abkürzung für „ketogen" oder „Ketose" (Stoffwechsel) ist, ist eine Diät, die sich durch hohe Fetteinnahme, mäßige Proteineinnahme, und eine sehr geringe Zufuhr von Kohlenhydraten auszeichnet. Diese Ernährungsstruktur ist so aufgebaut, um im Körper den Zustand der Ketose auszulösen. Daher kommt der Name „Keto".

Aber wie funktionier die Ketose? Stellen Sie sich Ihren Körper als einen Wagen vor. Damit der Wagen ruhig läuft, müssen Sie ihn volltanken. Ihr Körper arbeitet genauso. Nahrung ist der Treibstoff, der dafür sorgt, dass er seine Aufgaben sachgerecht ausführt. Wenn Sie Kohlenhydrate essen, werden sie von ihrem Körper verdaut und verarbeitet, und in Blutzucker (Glukose) umgewandelt, welches dann von Ihrem Körper in Energie umgesetzt wird. Diese Energie wird anschließend benutzt, um die Bewegungen, die Ihr Körper macht, anzutreiben, sodass sie rennen, springen, treten, stehen, gehen, und alles das machen können, was mechanische Bewegungen in Anspruch nehmen. Manchmal essen wir jedoch zu viele Kohlenhydrate, welche dann in überschüssigen Blutzucker umgewandelt werden. Dieser überschüssige Blutzucker bleibt, wenn er ungenutzt oder untergenutzt wird, zu Fett umgewandelt, welches dann für die Zukunft gelagert wird. Dies führt zur Gewichtszunahme.

Daher wird die Keto-Diät hauptsächlich als ein Mittel zur Bekämpfung der Gewichtszunahme und der Fettleibigkeit angesehen. Aber wie genau funktioniert das?

Keto zum Abnehmen

Da der Körper dazu vorgesehen ist, nach Kohlenhydraten als mögliche Glukose- und Energiequellen zu suchen, ist die Keto-Diät dazu bestimmt, diese Quellen vollständig zu entfernen. Aber Augenblick mal! Würde das nicht bedeuten, dass man weniger Energie zur Verfügung hat, um während des Tages richtig zu funktionieren? Nicht unbedingt. Ihr Körper hat die Fähigkeit, sich zu korrigieren, wenn er fühlt, dass Sie nicht die normale Kohlenhydratanzahl zu sich nehmen, welche er braucht, um Glukose herzustellen. Nun, wenn Ihr Körper merkt, dass ihm Kohlenhydrate vorenthalten werden, wird er sich eine andere Quelle zur Blutzucker Herstellung suchen. Es ist klar, dass der Körper nicht aufhört zu funktionieren, bloß weil er nicht genug Glukose bekommt. Dies ist der Grund dafür, dass wenn der Körper aufgrund des Kohlenhydratentzugs in den ketogenen Zustand gerät, die Leber gespeichertes Körperfett in sogenannte Ketonkörper umwandelt. Diese Ketonkörper werden benutzt, um Glukose herzustellen, um den Körper zu versorgen. Kurz gesagt, die ketogene Diät zwingt den Körper gespeichertes Fett zu verbrennen, um sich mit Energie zu versorgen. Das ist genau der Grund, warum diese Diät solch ein wirksames Hilfsmittel ist, um Gewicht zu verlieren, und Fett zu verbrennen.

Der Ketose-Zustand ist jedoch nur möglich, wenn der Verzehr von Kohlenhydraten beschränkt ist. Wenn Sie sich also entschließen, ein Keto-Leben zu führen, ist es sehr wichtig, nicht nur darauf zu achten *was* Sie essen, sondern auch *wieviel* Sie davon essen. Es ist immer am besten, wenn Sie sich mit der Ernährungszusammensetzung der Lebensmittel, die Sie zu sich nehmen, vertraut machen. Nur so können Sie gewährleisten, dass Sie sich nicht zu viele Kohlenhydrate gönnen, und dass Ihr Körper die Ketose erreicht, damit Sie Gewicht verlieren.

Es ist aber auch wichtig zu beachten, dass die Keto-Diät nicht wirklich als Schlankheitskur beabsichtigt war. Ursprünglich wurde es als zur Bekämpfung von Anfällen und der Epilepsie studiert. Zu Beginn des 20. Jahrhunderts entdeckten Wissenschaftler, dass wenn der Körper den Ketose-Zustand erreichte, Epilepsie-Patienten deutlich weniger epileptische Anfälle erlitten. Dass die Keto-Diät zum Abnehmen angewandt werden konnte, war nur ein Nebenprodukt dieser Studie. Natürlich sind Sie sich sicher bewusst, dass sich die Keto-Diät überall auf der Welt als einer der beliebtesten Diäten ins Tagesgespräch eingeschlichen hat.

Tipps zum Keto-Erfolg

Natürlich wird es keine einfache Aufgabe sein, mit der Keto-Diät erfolgreich zu sein, jedoch muss es auch nicht kompliziert sein. Sie müssen nur darauf achten, diszipliniert und engagiert genug zu sein, um sie durchzuziehen. Sie werden nicht sofort Erfolge sehen. Sie dürfen deshalb aber nicht frühzeitig den Mut verlieren. Es geht um eine nachhaltige und dauerhafte Änderung Ihres Körpers. Es wird Ihnen aber natürlich helfen, wenn Sie sich mit dem Wissen von bestimmten Tipps und Tricks ausrüsten, die Ihnen vielleicht helfen werden, erfolgreich zu sein.

Viel Schlafen

Sie werden es vielleicht nicht glauben, aber genügend Schlaf spielt bei der Wirksamkeit der Keto-Diät eine große Rolle. Je weniger guten Schlaf Sie bekommen, desto schwieriger wird es für Ihren Köper sein, den Keto-Vorgang durchzuführen. Außerdem ist es auf vielen Ebenen sehr von Vorteil, gut zu schlafen. Ihr Ziel sollte immer sein, jede Nacht zwischen sieben und neun Stunden zu schlafen. Beständigkeit ist der Schlüssel.

Regelmäßiger Sport

Sie sollten immer einen Trainingsplan für regelmäßige Bewegung bereit haben, wenn Sie bei Ihrer Schlankheitskur langfristigen, zukunftsfähigen Erfolg erzielen wollen. Es genügt nicht, dass Sie ihren Konsum von Kohlenhydraten einschränken. Sie müssen auch darauf achten, dass sie mindestens 30 bis 60 Minuten am Tag, drei bis viermal die

Woche, dynamische Körperbewegung ausführen. Ihr Körper ist für körperliche Bewegung vorgesehen. Ihren Körper nicht zu benutzen, um leistungsfähig und aktiv zu sein, wäre ein Versäumnis Ihrerseits. Versuchen Sie, bis an die Grenzen Ihres Körpers zu gehen, um zu sehen, wie stark Sie wirklich sind.

Trinken Sie genug

Ausreichend trinken spielt ebenfalls eine große Rolle, um mit der Keto-Diät erfolgreich zu sein. Sie müssen daran denken, dass Ihr Körper zu etwa 73% aus Wasser besteht. Das bedeutet, dass Wasser einen Einfluss auf Ihre Leber, in welcher die Ketonen hergestellt werden, hat. Es hat auch Auswirkungen auf Ihre Nieren, wo Ihre Nährstoffe verarbeitet werden. Wasser beeinflusst zudem auch Ihr Verdauungssystem und Ihr Lymphsystem. Im Grunde genommen ist Wasser Leben. Es ist also wichtig, dass Sie über den Tag verteilt genug trinken.

Berechnen Sie Ihre Makros

Dieses ist wahrscheinlich die intensivste Seite der Keto-Diät – Ihre Makros zu berechnen. Aber was sind Makros eigentlich genau? Makros, oder Makronährstoffe, sind Proteine, Kohlenhydrate und Fette, aus denen Ihre Diät zusammengesetzt ist. Es ist auch wichtig, den Überblick über die Kalorien, welche Sie jeden Tag zu sich nehmen, nicht zu verlieren. Um das erfolgreich zu meistern, sollten Sie vielleicht eine Küchenwaage und ein Fitness App, wie MyFitnessPal oder Fitbit, anschaffen, die Ihnen dabei helfen, die Makros Ihrer zu sich genommenen Speisen, auszurechnen.

Das scheint zwar am Anfang sehr kompliziert zu sein, aber mit der Zeit werden Sie keine Apps mehr brauchen, weil Sie sich dann selbst ausrechnen können, wie viele Makros Sie pro Mahlzeit essen müssen. Das ist wichtig, da Sie sich vergewissern wollen, dass Sie nicht mehr Kalorien zu sich nehmen, als Sie sollten, und dass Sie nicht den Tagesbedarf der Kohlenhydrate überschreiten.

Keto-konforme Zutaten

Bei der Keto-Diät gilt normalerweise die Faustregel, dass Sie viel Fett, etwas Protein, und nur sehr kleine Mengen an Kohlenhydraten essen sollten. Es ist jedoch nicht immer so einfach. Wenn Sie gerade anfangen, und Sie noch dabei sind, sich mit der Keto-Diät vertraut zu machen, werden Sie sich bemühen müssen, die Übersicht über so viele Dinge zu behalten. Sie müssen sehr viele Nahrungsmittel vermeiden, um dafür zu sorgen, dass Ihr Körper den Zustand der Ketose erreicht. Wenn Sie einen Fehler begehen, und sich vertun, könnte es sich für die Zielsetzung Ihrer Diät als verlustreich erweisen.

Sollten sie jemals im Unklaren, oder verwirrt, sein, von welchen Nahrungsmitteln Sie mehr essen sollten, und welche Sie vermeiden sollten, wenden Sie sich gelegentlich an diese Liste:

Fett (eine große Menge)

- Avocado Öl
- Olivenöl
- Kokosöl
- Butter
- Schlagsahne
- Sonnenblumenöl
- Distelöl (Saflor Öl)
- Maiskeimöl
- Walnüsse

- Mandeln

- Leinsamen und Chiasamen

- Ungesüßte Nussbutter (Mandel oder Erdnuss)

- Cashewnuss

- Pistazien

- Cheddar Käse

- Blauschimmelkäse

- Fetakäse

Protein (in Maßen)

- Weidefleisch

- Fisch, besonders fetter Fisch, wie Lachs

- Dunkles Hähnchenfleisch
- Schinkenspeck
- Helles Hähnchenfleisch
- Garnelen

Kohlenhydrate (geringer Verzehr)

- Avocado
- Blattgemüse
- Sellerie
- Spargel
- Lauch/Porree
- Spaghettikürbis
- Aubergine

Glücklich Leben mit Keto

Nun, das ist im Grunde alles, was Sie wissen müssen, damit Ihre Keto-Lebensweise erfolgreich wird. Schlussendlich möchten Sie sicherstellen, dass Sie Ihr Leben voll auskosten. Das bedeutet, dass Sie Ihren Teil dazu beitragen, dass Sie Ihre allgemeine Gesundheit und Ihr Wohlbefinden behalten. Andererseits wollen Sie nicht auf das Vergnügen und die Freude verzichten, die Sie genießen, wenn Sie sich mit einem köstlichen Gaumenschmaus verwöhnen. Das ist genau der Grund, warum die Keto-Diät so viele Menschen anzieht. Sie brauchen sich nicht die köstlichen Leckereien vorenthalten, die Ihr Herz höherschlagen lassen und Ihre Sinne ergötzen.

Dieses Buch soll Ihnen einen Einblick in die Unendlichkeit der Keto-Diät Landschaft geben. Mit etwas Einfallsreichtum werden Sie alle möglichen Gerichte herstellen können, die Keto-konform und gleichzeitig außerordentlich gut schmecken! Nur weil Sie die Keto-Diät in Angriff nehmen, heißt es noch lange nicht, dass Sie Ihren Geschmack für Ihre kleinen Gaumenfreuden aufs Spiel setzen müssen. Nur von jetzt an brauchen Ihre Leckerbissen nicht mehr so sündhaft zu sein.

Also stürzen wir uns sofort auf die Rezepte!

Keto Schoko-Kekse

Kekse haben bei den Menschen schon immer einen besonderen Platz im Herzen gehabt – besonders bei denen, die dem Süßen kaum widerstehen können. Man hat Ihnen aber immer gesagt, dass Sie nicht zu viele Kekse essen durften. Obwohl sie wunderbar schmecken, können sie gesundheitsschädigend und schlecht für die schlanke Linie sein, wenn Sie zu viel des Guten naschen. Kekse sind überladen mit Zucker und Kohlenhydraten, durch welche Sie schnell zunehmen. Sie werden jedoch noch sündhafter, wenn Sie Toppings und Aromen hinzufügen, um Ihre Kekse noch lebhafter zu machen. Glücklicherweise ist hier ein Keto-konformes Rezept für Kekse, die Sie sich ruhig gönnen können, ohne Ihren ketogenen Zustand zu beeinträchtigen.

Portionen: 12 Kekse

Zubereitungszeit: 10 Minuten

Backzeit: 10 Minuten

Makros pro Portion:

- Energie: 168 kcal
- Kohlenhydrate: 2,5 g
- Fett: 17,3 g
- Protein: 4 g

Zutaten:

- 100 g gesalzene Butter
- 1 TL Vanilleextrakt
- 130 g Erythrit
- 1 großes Ei
- 170 g Mandelmehl
- ½ TL Xanthan

- ½ TL Backpulver
- ¼ TL Salz
- 85 g zuckerfreie Schokoladenstückchen oder rohe Kakaonibs

Anleitung:

1. Den Ofen auf 180°C vorheizen.
2. Butter 30 Sekunden bei mittlerer Hitze in der Mikrowelle schmelzen lassen. Nicht zu heiß werden lassen.
3. Butter und Erythrit in eine Schüssel geben und geschmeidig rühren.
4. Vanille und Ei dazugeben und 15 Sekunden weiterrühren.
5. Mandelmehl, Backpulver, Salz und Xanthan hineinmischen, und wieder 15 Sekunden rühren.

6. Den Teig zusammenkneten und aus der Schüssel nehmen. Die Schokoladenstücken mit den Händen in den Teig kneten.

7. Den Teig in 12 gleich große Stücke teilen, und sie auf dem Backblech zu kleinen runden Keksen flach drücken. Das Backblech in den Ofen schieben, und etwa 10 Minuten backen.

8. Sobald die Kekse fest und braun sind, sie eine Weile abkühlen lassen.

Guten Appetit!

Keto Kroketten

Wer liebt Kroketten schon nicht? Sie sind praktisch der beliebteste Snack für Schulkinder, die etwas Füllendes und Leckeres suchen. Aber Kartoffelkroketten sind sehr kohlenhydratreich, da sie hauptsächlich aus Kartoffeln bestehen. Daher ist eine herkömmliche Krokette nicht Keto-konform. Aber dieses Rezept ändert alles. Anstatt der Kartoffeln, wird in diesem Rezept Blumenkohl benutzt. Er ist eine relativ kohlenhydratarme Zutat, die trotzdem dieselbe Art von Beschaffenheit und Festigkeit erreichen kann wie die Kartoffel.

Portionen: 6

Zubereitungszeit: 5 Minuten

Kochzeit: 15 Minuten

Makros pro Portion:

- Energie: 145 kcal
- Kohlenhydrate: 4 g
- Fett: 11 g
- Protein: 7 g

Zutaten:

- ca. 700 g gepresster Blumenkohl (etwa 1 Kopf)
- 60 ml Olivenöl
- 1 großes Ei
- 150 g Mozzarella
- 2 Knoblauchzehen
- ¾ TL Salz

Anleitung:

1. Den gepressten Blumenkohl in einen großen Wok geben, und ihn mit

Olivenöl auf mittlerer Flamme erhitzen. Den Blumenkohl kochen, bis er weich und leicht gebräunt ist. Darauf achten, dass die Flüssigkeit im Wok ganz vertrocknet ist.

2. In einer großen Schüssel das Ei schlagen. Mozzarella, Knoblauch und Salz hinzugeben.

3. Den Inhalt der Schüssel in den Wok geben, und ihn unter den heißen, gepressten Blumenkohl mengen. Es ist sehr wichtig, dass Wok und Blumenkohl noch heiß sind, so dass der Käse in der Mischung schmilzt.

4. Die Hitze sollte den Käse schmelzen und ihn eine klebrige Beschaffenheit entwickeln lassen.

5. Die ganze Mischung vom Herd nehmen und in sechs gleichgroße

Stücke teilen, und zu flachen Frikadellen formen, sodass sie gleichmäßig durch und gar werden.

6. Eine breite Pfanne nehmen und das restliche Öl auf mittlerer Flamme erhitzen. Die Kroketten einzeln in einer einzigen Schicht in die Pfanne geben. Jede Krokette auf beiden Seiten etwa zwei Minuten braten, bis sie goldbraun ist.

7. Sobald alle Kroketten fertig gebraten sind, diese beiseitelegen und abkühlen lassen.

Guten Appetit!

Schinkenspeck Guacamole Bomben

Schinkenspeck? Super! Guacamole? Super! Schinkenspeck und Guacamole zusammen in einer unglaublichen Zubereitung? Atemberaubend! Das ist genau das, was dieses Rezept ist. Es wird so sättigend und köstlich sein, dass Sie danach vielleicht sogar ein schlechtes Gewissen haben. Aber Sie brauchen sich nicht zu schämen. Dieser Keto-konforme Snack wird beim nächsten Treffen mit Familie und Freunden großen Anklang finden. Obendrein werden die Nährstoffe der Guacamole und des Schinkenspecks Ihnen guttun.

Portionen: 15 Bomben

Zubereitungszeit: 10 Minuten

Kochzeit: 45 Minuten

Makros pro Portion:

- Energie: 156 kcal
- Kohlenhydrate: 1,5 g
- Fett: 15,2 g
- Protein: 3,4 g

Zutaten:

- 100 g Avocado
- 55 g weiche Butter (Zimmertemperatur)
- 2 Knoblauchzehen
- 1 feingehackte Chilischote
- 35 g gehackte weiße Zwiebel
- 1 EL frischer Limettensaft
- 2 EL Koriander, gehackt
- 120 g Schinkenspeck, in Scheiben geschnitten

- Salz und Pfeffer, nach Geschmack

Anleitung:

1. Ofen auf 190°C vorheizen. Ein Backblech mit Backpapier belegen. Die Schinkenspeck Scheiben nehmen und flach auf das Backpapier legen. Darauf achten, dass zwischen den Scheiben etwas Abstand bleibt.

2. Backblech in den Ofen schieben, und es etwa 10 bis 15 Minuten backen, oder solange, bis der Schinkenspeck goldbraun ist. Es kommt auf die Dicke der einzelnen Schinkenspeck-Scheiben an, wie lange es dauert. Sobald sie gebräunt sind, aus dem Ofen nehmen und beiseitelegen. Den Schinkenspeck abkühlen lassen.

3. Avocado nehmen und in zwei Hälften schneiden. Den Kern entfernen, und

die Haut abschälen. Avocado, Knoblauch, Butter und Chilischote in eine große Schüssel geben. Koriander und Limettensaft dazugeben und gut vermischen. Den Schaleninhalt mit Salz und Pfeffer würzen.

4. Mit einem Kartoffelstampfer oder einer Gabel die Avocado-Mischung zerdrücken, bis sie eine glatte Beschaffenheit hat.

5. Das Fett vom Backblech, worauf der Schinkenspeck gekocht wurde, nehmen, und in die Schüssel mit der zerstampften Avocado schütten, und gut mischen. Die Schüssel zudecken und etwa 20 bis 30 Minuten in den Kühlschrank stellen.

6. Nun den gekochten Schinkenspeck, welcher als „Panade" der Guacamole-Bomben benutzt werden soll,

zubereiten. Den Schinkenspeck in Mini-Stückchen kleinhacken.

7. Die gestampfte Avocado oder Guacamole-Mischung aus dem Kühlschrank nehmen und sie in sechs gleich große Portionen teilen. Die Portionen zu Bällen formen. Bälle in den Speckstückchen rollen. Der Speck soll an den Bällen kleben bleiben.

Guten Appetit!

Knuspriger Rosenkohl mit Schinkenspeck

Wer sagt, dass Rosenkohl eines der schlechtesten Lebensmittel der Welt ist? Wahrscheinlich hat man Sie noch nie mit den vielen Zubereitungsweisen, welche den Rosenkohl unglaublich köstlichen machen, vertraut gemacht. Und was ist das Beste an diesen wundervollen Mini-Kohlköpfen? Sie sind unglaublich sättigend und haben ganz niedrige Kalorien- und Kohlenhydratwerte. Außerdem fügen sie eine sehr eigene Beschaffenheit hinzu, die nicht sehr viele andere Nahrungsmittel nachmachen können. Dieses Rezept ist als idealer Snack geeignet, den sie naschen können, während Sie an einem entspannten Samstagnachmittag fernsehen.

Portionen: 5 Minuten

Zubereitungszeit: 5 Minuten

Kochzeit: 20 Minuten

Makros pro Portion:

- Energie: 250 kcal

- Kohlenhydrate: 11 g

- Fett: 19 g

- Protein: 6 g

Zutaten:

- 4 Scheiben Schinkenspeck

- 500 g halbierter Rosenkohl

- 3 EL natives Olivenöl

- ¾ TL Salz

- ¼ TL schwarzer Pfeffer

- 2 EL Balsamessig

Anleitung:

1. Eine große Sautépfanne nehmen und einige Scheiben Schinkenspeck bei mittlerer Hitze braten. Darauf achten, dass zwischen den einzelnen Scheiben etwas Abstand besteht. Braten, bis beide Seiten knusprig und braun sind.

2. Sobald der Schinkenspeck fertig gebraten ist, ihn auf trockenem Küchenpapier beiseitelegen, damit überschüssiges Fett aufgesaugt wird. Fett, das in der Pfanne zurückblieb, behalten und nicht wegschütten.

3. 2 EL Olivenöl zu dem Schinkenspeck Fett in die Sautépfanne geben. Pfanne herumschwenken und das Öl erhitzen. Rosenkohl in die Pfanne dazugeben, und bei mittlerer Hitze zubereiten. Rosenkohl nach Geschmack mit Salz und Pfeffer würzen.

4. Rosenkohl einschichtig in die Pfanne legen. Für vier bis fünf Minuten, oder bis sie ganz braun sind, braten. Den Rosenkohl wenden und denselben Bräunungsvorgang auf der anderen Seite wiederholen.

5. Während der Rosenkohl in der Spanne ist, die Zeit ausnutzen, um die Schinkenspeck Scheiben in kleine Stückchen zu schneiden.

6. Den Balsamessig und den restlichen EL Olivenöl zu dem Rosenkohl geben, und weitere zwei Minuten kochen.

7. Die Speckstückchen in die Pfanne zurückgeben, und das ganze Gericht gut mischen.

Guten Appetit!

Keto Sushi

Es gibt einen guten Grund, warum die japanische Küche eine der beliebtesten in der Welt ist. Sie ist einfach fantastisch, nicht wahr? Wer kann schon einer gelegentlichen guten Portion Sushi widerstehen? Perfekt angerichtetes Sushi ist eine der besten Sachen, die Sie je in Ihrem Leben essen können. Aber Sushi ist zufällig auch mit einer Menge Reis gefüllt… daher ist es kohlenhydratreich. Wenn Sie der Keto-Diät folgen, bedeutet das, dass es sehr unwahrscheinlich ist, dass Sie sich überhaupt Sushi gönnen… es sei denn, Sie benutzen dieses Rezept. Bloß weil Sie die Keto-Diät machen, bedeutet das nicht, dass Sie auf den Geschmack Japans verzichten müssen. Hier ist ein ganz einmaliges Keto-Sushi Rezept, welches Sie benutzen können, wenn Sie Heißhunger auf das traditionelle japanische Lieblingsgericht haben.

Portionen: 3

Zubereitungszeit: 15-20 Minuten

Kochzeit: 0 Minuten

Makros pro Portion:

- Energie: 353 kcal
- Kohlenhydrate: 6 g
- Fett: 26 g
- Protein: 19 g

Zutaten:

- 450 g gestampfter Blumenkohl
- 170 g Rahmkäse (Zimmertemperatur)
- 2 EL Reisessig
- 5 Nori-Blätter
- 1 EL Soja Sauce

- Hälfte einer mittelgroßen Avocado

- 1 mittelgroße Gurke

- 140 g Räucherlachs

Anleitung:

1. Zuerst den gestampften Blumenkohl zubereiten. Um das zu machen, nehmen Sie den Blumenkohl und zerteilen Sie diesen in Röschen

2. Die Röschen nehmen und in eine Küchenmaschine geben. Dann mit der Pulsfunktion den Blumenkohl zerkleinern, bis er die Beschaffenheit von richtigem Reis erreicht.

3. Die beiden Enden der Gurke abschneiden. Die Gurke aufrecht stellen, und alle Seiten so abschneiden, dass das Samengehäuse übrigbleibt. Das Innere der Gurke (die Samen)

wegwerfen, und zwei Seiten in kleinere Streifen schneiden. Danach die Gurkenstreifen zum Abkühlen in den Kühlschrank stellen.

4. Einen Topf bei mittlerer Hitze erhitzen. Den gestampften Blumenkohl in den Topf geben und kochen. Den Blumenkohl-Reis mit etwa einem EL Soja Sauce würzen.

5. Sobald der Blumenkohl Reis gekocht ist, ihn eine Minute beiseitelegen. Eine neue Schüssel nehmen, und den Blumenkohl Reis mit dem Rahmkäse und Reisessig vermischen. Die Schüsselzutaten beiseitelegen und vorläufig in den Kühlschrank setzen.

6. Während die Reismischung abkühlt, die Frucht schälen und die Avocado in dünne Streifen schneiden.

7. Eine Sushi Rollmaschine nehmen, und ein Nori-Blatt darauflegen. Darauf achten, dass das Nori-Blatt ganz flach in der Rollmaschine liegt. Um zu verhindern, dass die Rollmaschine auf der Arbeitsfläche herumrutscht, können Sie es vorher mit Frischhaltefolie umwickeln.

8. Die Blumenkohl-Reis Mischung nehmen, und etwas davon ganz auf dem Nori-Blatt verteilen. Darauf achten, dass die Reis-Schicht dünn ist, und am oberen Ende des Blattes etwa 2 ½ cm frei lassen.

9. Avocado, Gurke und Lachsstreifen in die Rollmaschine geben, und es nach persönlichem Geschmack aufschichten.

10. Die Sushi Rollmaschine benutzen, um das Sushi stramm aufzurollen. Wenn

Sie Anfänger sind, können Sie sich für zusätzliche Anleitungen einige YouTube Lernprogramme ansehen.

11. Mit eingemachtem Ingwer, Mayonnaise oder Wasabi servieren.

Guten Appetit!

Keto-konforme Brezel Happen

Brezeln sind schon seit eh und je für viele Menschen auf der Welt ein beliebter Happen. Einer der eigenartigsten Qualitäten der Brezel ist ihre Vielfältigkeit. Es ist ein herzhaftes Gebäck, das man mit Kondimenten wie Senf und Ketchup paaren kann, aber man kann es genauso als perfekte Grundlage für Beläge wie Käse servieren, oder es als Begleitung für Obst und den Dessertwagen benutzen. Unglücklicherweise sind traditionelle Brezeln alles andere als Keto-konform. Wenn sie jedoch Heißhunger auf Brezeln haben, dann liegen Sie mit diesem Rezept genau richtig, besonders wenn Sie ein Käseliebhaber sind.

Portionen: 8

Zubereitungszeit: 15 Minuten

Kochzeit: 15 Minuten

Makros pro Portion:

- Energie: 320 kcal

- Kohlenhydrate: 8 g

- Fett: 24 g

- Protein: 18 g

Zutaten:

- 340 g entrahmter, schnittfester, geriebener Mozzarella

- 55 g Rahmkäse

- 3 mittelgroße Eier

- 190 g Mandelmehl

- 1 EL Backpulver

- 1 EL Salz

Anleitung:

1. Ofen auf 200°C vorheizen. Währenddessen das Backblech mit

einer Backmatte oder Backpapier belegen.

2. 190 Gramm Mandelmehl und 1 EL Backpulver in eine mittelgroße oder große Schüssel geben und gut mischen. Dann beiseitelegen.

3. Mozzarella und Rahmkäse in eine mikrowellentaugliche Schüssel geben. Darauf achten, dass der Rahmkäse in der Schüssel unten liegt, mit dem Mozzarella obenauf. Der Grund dafür ist, dass der Mozzarella die meiste Einwirkung der Mikrowelle bekommen sollte.

4. Den Käse in der Mikrowelle 30 Sekunden bei Maximalleistung schmelzen lassen. Sobald der Käse etwas geschmolzen ist, die Schüssel aus der Mikrowelle nehmen und gut rühren. Danach die Schüssel in die

Mikrowelle zurückgeben und den Vorgang in 30 sekündigen Abständen wiederholen, sodass der Käse durch und durch schmilzt, ohne anzubrennen.

5. Sobald der Käse ganz geschmolzen ist, ihn mit dem Mehlgemisch und den Eiern in eine Küchenmaschine geben. Mit der Pulsfunktion auf hoher Geschwindigkeit verarbeiten, bis der Teig die richtige Beschaffenheit erreicht hat.

6. Bitte beachten Sie, dass es normal ist, dass der Teig sich sehr klebrig anfühlt.

7. Ein Nudelbrett in etwas Klarsichtfolie einwickeln – darauf achten, dass sie straff sitzt, und dass die Unterseite auch ganz eingewickelt ist, so dass das Nudelbrett nicht beim Ausrollen herumrutscht. Die Klarsichtfolie fügt

Reibung und Unnachgiebigkeiten auf der Unterseite zu, und verhindert auch, dass der Teig am Nudelbrett klebt.

8. Den Teig in acht gleichgroße Stücke teilen. Aus jedem Stück eine Wurst rollen, die etwa 2 ½ cm dick ist.

9. Den Teig in 2 cm lange Stücke schneiden. Wenn er einheitlich geschnitten wird, sollten im Ganzen zwischen etwa 70 bis 75 Häppchen erzeugt werden. Die Häppchen auf das vorbereitete Backblech legen.

10. Ein Ei nehmen, und es in einer Schüssel aufschlagen. Das Ei verquirlen, um es zum Bepinseln der Brezeln zu benutzen. Die Oberfläche der Brezeln gründlich mit Ei bestreichen. Nach Geschmack mit Salz würzen.

11. Die Brezeln etwa 12 Minuten backen, bis sie goldbraun geworden sind. Sobald sie braun sind, den Ofen auf die Grill-Funktion umstellen, und die Brezeln noch etwa 2 Minuten backen. Dadurch werden die Brezeln auf der Außenseite knusprig. Jedoch darauf achten, dass die Brezeln nicht anbrennen.

12. Die Brezeln aus dem Ofen nehmen, und abkühlen lassen.

Guten Appetit!

Paprika Nachos

Naschkatzen auf der ganzen Welt lieben Nachos. Egal, ob sich die ganze Familie bei einem Filmabend um den Fernseher versammelt hat, oder Sie bei einer Party oder an einer Bar etwas naschen wollen – mit Nachos liegen Sie nie falsch. Nun, die einzige Art mit Nachos falsch zu liegen, ist, wenn sie versuchen, den Zustand der Ketose zu erreichen. Leider ist der Hauptbestandteil der Nachos Mais-Chips, die sehr kohlenhydratreich sich – etwas, dass Sie ständig vermeiden müssen.

Aber manchmal sehnt man sich eben nach dem Käsegeschmack und dem knusprigen Erlebnis köstlicher Nachos. Deswegen ist dieses Rezept so toll für Sie, wenn sie der Keto-Diät folgen. Die Mais-Chips werden durch Paprikaschoten ersetzt, die sehr kalorien- und kohlenhydratarm sind. Eine prima Kombination für alle Keto-Diäthalter. Aber seien Sie gewarnt: Es ist sehr wahrscheinlich, dass diese Paprika-Nachos der absolute Mittelpunkt jeder Feier sein werden.

Portionen: 4

Zubereitungszeit: 5 Minuten

Kochzeit: 20 Minuten

Makros pro Portion:

- Energie: 260 kcal

- Kohlenhydrate: 8 g

- Fett: 20 g

- Protein: 13 g

Zutaten:

- 2 mittelgroße Paprikaschoten

- 1 EL Olivenöl

- ¼ TL Chilipulver

- ¼ TL Kreuzkümmel (gemahlen)

- 60 g Guacamole

- 60 g Pico de Gallo

- 115 g Rinderhackfleisch (80% Magerfleisch)

- 115 g mexikanischer Käse (gerieben)

- 2 EL saure Sahne

- Koscher Salz

Anleitung:

1. Die Paprikaschoten in sechs gleichgroße Stücke schneiden und putzen. Die Paprikastücke in eine mikrowellentaugliche Schüssel geben, und einen Spritzer Wasser und eine Prise Koscher Salz dazugeben.

2. Die Schüssel abdecken, und die Stücke etwa vier Minuten in der Mikrowelle kochen, bis sie weich und biegsam sind. Dann diese aus der Mikrowelle herausnehmen und abkühlen lassen.

3. Ein Backblech nehmen und mit Alufolie belegen. Die Paprikascheiben mit der Schnittseite nach oben auf der Alufolie verteilen. Das Blech vorläufig beiseitelegen.

4. Eine große beschichtete Bratpfanne nehmen, und bei mittlerer Hitze erhitzen. Chilipulver und Kreuzkümmel in die Pfanne geben, und kochen bis es duftet. Das sollte ungefähr 30 Sekunden dauern. Das Hackfleisch hinzugeben, und rühren, sodass es in mundgerechte Stücke zerfällt. Mit Salz würzen, und etwa

vier Minuten kochen, oder bis es braun gebraten ist.

5. Die Grillpfanne vorheizen. Auf jedes Stück Paprika etwas Hackfleisch löffeln. Käse darüber verteilen, und grillen, bis der Käse ganz geschmolzen ist. Das sollte etwa eine Minute dauern. Darauf achten, dass der Käse nicht während des Grillens anbrennt.

6. Guacamole und Pico de Gallo auf die Nachos geben. Saure Sahne darüber träufeln. Heiß servieren.

Guten Appetit!

<u>Keto-Salat Sandwiches</u>

Sie haben vielleicht bemerkt, dass eines der Lebensmittel, auf welches Sie während der Keto-Diät verzichten müssen, Brot ist. Es ist in der normalen westlichen Diät ein so klassisches Grundnahrungsmittel, dass man es sich nicht vorstellen kann, einen ganzen Tag kein Brot zu essen. Seit einer halben Ewigkeit ist für viele westliche Menschen Brot die Hauptquelle ihrer Kohlenhydrate. Es ist jedoch in Wirklichkeit voll von industriell verarbeiteten Kohlenhydraten, die für die Schlankheitskur schlecht sind. Das ist der Grund, warum Sie nicht viele Rezepte für Sandwiches finden, während Sie der Keto-Diät folgen.

Aber dieses hier könnte etwas anders sein. Na klar, Sie werden kein Brot essen. Aber im Grunde genommen können Sie immer noch ein Sandwich essen. Es ist vielleicht nicht die

Art, an die Sie normalerweise gewöhnt sind. Aber das ändert nichts an der Tatsache, dass dieses ein sehr wohltuender und füllender Happen ist, der zwischen reichen Gerichten gut schmeckt.

Portionen: 1

Zubereitungszeit: 5 Minuten

Kochzeit: 0 Minuten

Makros pro Portion:

- Energie: 375 kcal
- Kohlenhydrate: 3 g
- Fett: 34 g
- Protein: 10 g

Zutaten:

- 55 g Eisberg Salat oder Romana Salat
- 15 g Butter, Raumtemperatur

- 30 g Käse nach Geschmack

- ½ Avocado

- 1 gewürfelte Kirschtomate

Anleitung:

1. Den Salat gründlich waschen, und auseinanderreißen, um das „Brot" für das Sandwich zu bereiten.

2. Die Butter auf das Salat-„Brot" streichen.

3. Käsescheiben, Avocado Scheiben und gewürfelte Tomate auf ein Salatblatt geben, und das andere Blatt daraufegen, und das Sandwich ist fertig.

Guten Appetit!

Buffalo Zucchini Boote

Diese Buffalo Chicken Wings, mit welchen Sie sich so gerne verwöhnen, wenn Sie sonntagabends im Fernsehen Fußball anschauen, oder unterwegs sind beim Trinkgelage mit Ihren Kameraden, sind köstlich. Leider sind sie aufgrund der Panade mit Kohlenhydraten und unerwünschten Kalorien überladen. Aber es lässt sich nicht bestreiten, dass diese kleinen Happen himmlisch schmecken, wenn man sich nach einem würzigen kleinen Kick sehnt. Glücklicherweise können Sie genau denselben Geschmack eines Buffalo Chicken Wings genießen, obwohl sie der Keto-Diät folgen. Sie können sogar Zucchini dazugeben, um es knuspriger und den Geschmack vielschichtiger zu machen.

Portionen: 4

Arbeitszeit: 15 Minuten

Kochzeit: 40 Minuten

Makros pro Portion:

- Energie: 410 kcal
- Kohlenhydrate: 3 g
- Fett: 21 g
- Protein: 21 g

Zutaten:

- 4 mittelgroße Zucchini
- 2 EL Olivenöl
- ca. 350 g gekochte Hühnerbrust, in grobe Fasern gezupft
- 300 g griechischer Naturjoghurt
- 3 Knoblauchzehen, gepresst
- ¼ rote Zwiebel, gehackt

- 75 ml Tabasco Sauce
- 160 g Cheddar Käse, gerieben
- 60 ml Ranch-Dressing
- Frühlingszwiebeln, feingeschnitten, für die Garnitur

Anleitung:

1. Den Ofen auf 200°C vorheizen. Ein großes Backblech ölen und vorläufig beiseitelegen.

2. Zucchinis längs halbieren, und darauf achten, dass sie alle gleichmäßig geschnitten sind. Einen Löffel nehmen, und das Innere aushöhlen. Etwa 1 cm Rand lassen, damit ein Boot daraus gemacht werden kann. Die ausgehöhlten Zucchinis auf das Backblech legen und das Blech vorläufig beiseitelegen.

3. Einen EL Olivenöl in eine mittelgroße Pfanne geben und sie auf eine mittlere Stufe erhitzen. Zwiebeln und Knoblauch etwa drei bis vier Minuten schwitzen lassen, bis die Zwiebeln glasig werden. Sobald sie so weit sind, die Mischung von der Pfanne in eine große Schüssel geben.

4. Geriebenen Käse, gekochtes Hähnchen, Ranch-Dressing, Tabasco Sauce und griechischen Joghurt hinzufügen. Die Zutaten in der Schüssel gut vermischen, weil dies die Hähnchenfüllung für die Zucchini Boote sein wird.

5. Mit einem kleinen Löffel vorsichtig die Buffalo Chicken Füllung in die ausgehöhlten Zucchinis geben. Die Oberfläche jedes Bootes mit dem restlichen Käse bestreuen.

6. Die Zucchini Boote mit Alufolie abdecken und 45 Minuten backen, oder solange, bis der Käse geschmolzen ist. Darauf achten, den Käse nicht zu lange zu backen, um ihn nicht anbrennen zu lassen. Sobald die Zucchinis anfangen, weich zu werden, die Folie von den Booten entfernen.

7. Den Ofen auf Grillfunktion umstellen, und die Boote 2 bis 3 Minuten darunter grillen lassen.

8. Sobald der Käse goldbraun ist, die Boote vom Ofen entfernen, und mit Frühlingszwiebeln garnieren.

Guten Appetit!

Keto Chips

Wann immer Sie auf einer Party sind, und Sie an einen Snack denken, den sie gerne knabbern, während Sie etwas trinken, woran denken Sie? Wenn Sie Zuhause Sport im Fernsehen anschauen, und Sie sich hungrig fühlen, wonach greifen Sie? Chips. Viele Menschen nennen moderne Chips Junkfood. Das hat einen Grund. Diese Chips beinhalten ganz viele Transfette und Kohlenhydrate, und sie tragen zu der Epidemie Fettsucht bei. Egal ob Sie auf der Keto-Diät oder nicht, es ist immer besser, Chips zu meiden.

Aber man kann nicht bestreiten, dass man ab und zu richtig Lust auf köstliche, salzige Chips hat. Und glücklicherweise ist hier auch ein Keto Rezept für diesen geliebten Snack. Der Hauptbestandteil für diese Chips ist nicht Kartoffel, sondern wir benutzen tatsächlich

Käse. Und gibt es wirklich jemanden, der Käse nicht mag?

Portionen: 4

Zubereitungszeit: 5 Minuten

Kochzeit: 10 Minuten

Makros pro Portion:

- Energie: 230 kcal
- Kohlenhydrate: 2 g
- Fett: 19 g
- Protein: 13 g

Zutaten:

- 250 g Cheddar, Provolone oder Edamer Käse
- Paprikapulver, nach Geschmack

Anleitung:

1. Den Ofen auf 200°C vorheizen.

2. Ein Backblech nehmen und es mit Backpapier belegen.

3. Den geriebenen Käse in kleinen Häufchen auf das Backpapier setzen. Darauf achten, dass sich die Käsehäufchen nicht berühren.

4. Die Käse-Chips mit Paprikapulver bestreuen, und etwa zehn Minuten im Ofen backen. Manche könnten schneller fertig gebacken sein, je nachdem wie dünn sie sind. Es ist wichtig, den Käse im Auge zu behalten, um sich zu verhindern, dass er anbrennt.

5. Sobald sie gebacken sind, das Backblech aus dem Ofen nehmen, und zum Kühlen beiseitelegen.

6. Chips können als natur, oder mit einem Keto-gerechten Dip, serviert werden.

Guten Appetit!

Keto Eier Muffins

Ein Eier Muffin ist ohne Frage einer der beliebtesten Frühstück Bestandteile aller Zeiten, besonders in der westlichen Welt. Er ist eine vielgeliebte Frühstückszutat, die auch zum Naschen zwischen den Mahlzeiten ideal ist, weil er so einfach und köstlich ist. Wie jedoch alle guten Dinge im Leben, sind Eier Muffins voll von schädlichen, nicht organischen Zutaten. Sie sind sehr kohlenhydratreich, was die Keto-Richtlinien verletzt, und sie können verhindern, dass Sie Ihre Gesundheits- und Wohlfühlziele erreichen.

Dieses Rezept ist eines der revolutionärsten Keto-Rezepte, auf die Sie jemals stoßen werden. Wenn es Ihnen je danach ist, einen Eier Muffin zwischen Ihren Mahlzeiten zu knabbern, oder Sie wollen ihn zum Frühstück essen, dann hält Ihnen dieses Rezept den

Rücken frei, lieber Leser. Es ist unglaublich einfach, und man braucht kein Genie zu sein, um es perfekt zuzubereiten. Ob Sie ihn schubweise oder als eine Einzelportion backen, dieses Rezept wird Ihre Begierden erfüllen.

Portionen: 6

Zubereitungszeit: 5 Minuten

Kochzeit: 20 Minuten

Makros pro Portion:

- Energie: 335 kcal
- Kohlenhydrate: 2g
- Fett: 26 g
- Protein: 23 g

Zutaten:

- 170 g Käse nach Belieben (vorzugsweise Cheddar oder Edamer – gerieben)

- 12 mittelgroße Eier

- 140 g gewürfelter Schinkenspeck

- 2 EL Pesto (nach Belieben)

- 2 feingehackte Frühlingszwiebeln

- Salz und Pfeffer

Anleitung:

1. Den Ofen auf 180°C vorheizen.

2. Eine Muffinform nehmen und die Mulden mit Anti-Haft Backförmchen auslegen. Anderenfalls eine Silikon Muffinform mit Butter oder Backtrennspray einfetten.

3. Frühlingszwiebel und Schinkenspeck auf dem Boden der Förmchen verteilen.

4. Eier in eine große Schüssel schlagen. Mit Pesto, Salz und Pfeffer verquirlen.

5. Käse in die Eiermischung geben, und gründlich vermischen.

6. Teig in die Muffin Förmchen oder die Muffinform gießen, dabei Speck und Zwiebeln bedecken.

7. Im Ofen zwischen etwa 15 und 20 Minuten backen.

Guten Appetit!

Keto Knoblauchbrot

Ob Sie es als Vorspeise, Beilage oder nur als Snack am Mittag essen, Knoblauchbrot hat so etwas Behagliches an sich. Der verführerische Duft des zubereiteten Knoblauchs lockt Sie an, während die knusprige, braune, käsige Außenseite Sie verführt, und die flaumige, weiche Beschaffenheit des Brotes Sie erfreut. Es ist ein wahnsinniges Gericht, aber leider ist es nicht ketogen im üblichen Sinn. Aber wenn Sie wirklich Heißhunger auf den wunderbaren Geschmack des Knoblauchbrots haben, dann könnte dieses Rezept dasjenige sein, zu dem Sie immer wieder greifen sollten. Das Beste an ihm ist, dass er in jedem Stück, das Sie essen, nur einen Gramm Kohlenhydrat enthält.

Portionen: 20

Zubereitungszeit: 15 Minuten

Kochzeit: 75 Minuten

Makros pro Portion:

- Energie: 93 kcal
- Kohlenhydrate: 1 g
- Fett: 9 g
- Protein: 2 g

Zutaten:

Für das Brot:

- 125 g Mandelmehl
- 5 EL Flohsamenschalenpulver
- 2 TL Backpulver
- 1 TL Meersalz
- 3 Eiweiß
- 2 TL Apfelweinessig
- 240 ml kochendes Wasser

Für die Knoblauchbutter:

- 1 Knoblauchzehe, feingehackt

- 115 g Butter (Raumtemperatur)

- 2 EL Petersilie, feingehackt

- ½ TL Salz

Anleitung:

1. Den Ofen auf 180°C vorheizen.

2. Alle trockenen Zutaten in eine große Schüssel geben und gut vermischen.

3. Das Wasser zum Kochen bringen, und es dann in die Schüssel gießen. Dann Essig und Eiweiße zu der Mischung hinzugeben. Darauf achten, dass ununterbrochen gerührt wird. Es sollte etwa 30 Sekunden dauern. Auch darauf achten, dass der Teig nicht zu lange gemischt wird, so dass er nicht

seine strukturelle Integrität verliert. Er sollte eine ähnliche Beschaffenheit wie etwa Knete haben.

4. Den Teig mit feuchten Händen in zehn gleich große Stücke teilen. Sie sollten Hotdog Brötchen ähneln. Den geformten Teig auf ein Backblech legen, aber darauf achten, dass zwischen den Teilchen Abstand bleibt. Sie werden beim Kochen etwa doppelt so groß werden.

5. Auf der unteren Schiene des Ofens etwa 40 bis 50 Minuten backen. Sie sind fertig gebacken, wenn sie sich hohl anhören, wenn man auf die Unterseite klopft.

6. Während das Brot backt, die Knoblauchbutter anfertigen. Alle Zutaten für die Knoblauchbutter

zusammenmischen, und in den Kühlschrank stellen. Abkühlen lassen.

7. Sobald das Brot fertig gebacken ist, es aus dem Ofen nehmen, und abkühlen lassen. Die Knoblauchbutter aus dem Kühlschrank nehmen, und für einen Moment beiseitelegen.

8. Das Brot mit einem Sägemesser in halb schneiden. Ein Brotmesser nehmen, und die Butter auf die Schnittseiten des Brotes streichen.

9. Die Temperatur des Ofens auf 225°C erhöhen, und das Knoblauchbrot weitere 10 Minuten backen, bis es goldbraun ist.

Guten Appetit!

Keto Blaukäse-Dressing

Ehrlich gesagt ist einer der besten Seiten der Keto-Diät ist, dass man noch immer Käse essen darf. Und Sie können darauf wetten, dass dieses schmackhafte Blaukäse-Dressing eine großartige Ergänzung für jeden Snack, den Sie vielleicht haben, sein wird. Es eignet sich gut als Dip für kohlenhydratarmes Gemüse wie Möhren oder Selleriestangen. Es ist auch köstlich als Soße oder Dressing für Salate. Verdammt, Sie könnten diese Soße sogar auf ein zartes Stück Fleisch oder Hähnchen auftragen. Wie auch immer, dieses vielseitige Dressing wird sich immer als nützlich erweisen, wenn Sie einen guten Schlag Wohlgeschmack wollen, ohne Ihren ketogenen Zustand aufs Spiel zu setzen. Mit diesem Dressing können Sie auf so viele Weisen gewinnen.

Portionen: 4

Zubereitungszeit: 5 Minuten

Kochzeit: 0 Minuten

Makros pro Portion:

- Energie: 477 kcal
- Kohlenhydrate: 4 g
- Fett: 47 g
- Protein: 10 g

Zutaten:

- 140 g Blauschimmelkäse
- 115 g Mayonnaise
- 190 g griechischer Joghurt
- 60 g Schlagsahne, aufgeschlagen
- 2 EL frische Petersilie, gehackt
- Salz und Pfeffer

Anleitung:

1. Käse nehmen und ihn in eine mittelgroße Schüssel geben. Mit einer Gabel den Käse in kleine, handhabbare Stücke zerteilen.

2. Mayonnaise, Joghurt und Schlagsahne mit in die Schüssel geben. Alle Zutaten gründlich rühren, bis sie gut vermischt sind.

3. Die Mischung einige Minuten ruhen lassen.

4. Mit Salz und Pfeffer würzen, und Petersilie dazugeben.

5. Überreste im Kühlschrank aufbewahren.

Guten Appetit!

Keto Cheetos

Die Anregung für dieses Rezept der Keto Cheetos kam von einem Rezept, das in dem Blogeintrag „My Oregon Kitchen" veröffentlicht wurde. Jeder kennt Cheetos Snacks, und man würde nur schwer jemanden finden, der sie nicht liebt. Sie sind schmackhaft, und sie haben eine einmalige knusprige Art, die sie ganz unwiderstehlich machen. Sie sind jedoch immer noch als Junkfood einzustufen, und zu viel davon zu essen, ist für Ihre Gesundheit schädlich.

Das ist der Grund, warum dieses Rezept ein Lebensretter für Cheetos Liebhaber, die auf der Keto-Diät sind, sein wird. Es wird Ihnen erlauben, immer noch den Sinneseindruck, sich mit diesen herzerwärmenden Häppchen zu verwöhnen, empfinden lassen, während Sie ihrer Keto-Diät treu bleiben. In der Tat nannte der Autor des Originalrezeptes sie

„Cheatos" („Betrüger"), weil sie wie Cheetos sind, sie aber nicht wirklich sind. Sie sind selbst tolle Happen, und Sie können sie sogar in Rahmkäse oder Keto-gerechte Dressings eintauchen.

Portionen: 1

Zubereitungszeit: 10 Minuten

Kochzeit: 25 Minuten

Makros pro Portion:

- Energie: 431 kcal
- Kohlenhydrate: 2 g
- Fett: 31 g
- Protein: 36 g

Zutaten:

- 4 Eiweiß, steifgeschlagen

- 1/8 TL Weinstein (zum Eiweiß vor dem Aufschlagen geben)

- 75 g tiefgefrorener Cheddar Käse

- 2 EL Mandelmehl

- ¼ TL Knoblauchpulver

- Cayennepfeffer, nach Geschmack

- evtl. Parmesan Käse, nach Geschmack

Anleitung:

1. Den Ofen auf 150°C vorheizen.

2. Den tiefgefrorenen Käse in einer Küchenmaschine mit der Puls-Funktion zerkleinern, bis die Stückchen winzig sind. Den zerkleinerten Käse zurück in die Kühltruhe geben.

3. Eiweiße in eine Schüssel geben, und den Weinstein dazugeben. Sehr steif schlagen.

4. Käse, Gewürze und Mandelmehl unter die Eiweiß Masse heben. Darauf achten, dass nicht viel Luft aus dem Eiweiß entweicht.

5. Die ganze Mischung in eine mittelgroße Plastiktüte geben, und in eine Ecke ein Loch schneiden. Die Mischung in Cheeto Formen auf ein Backblech, das mit Backpapier ausgelegt ist, aufspritzen.

6. Das Backblech in den vorgeheizten Ofen schieben, und etwa 25 Minuten backen.

7. Cheetos danach mit Parmesan Käse oder Cayennepfeffer bestreuen.

Guten Appetit!

Erdnussbutter Keto Cups

Diese Erdnussbutter Keto Cups mit Marmelade sind toller Keto-Snack. Vor allem sind sie völlig milchfrei. Sie sind von Natur aus cremig und köstlich. Und das Beste? Sie sind so leicht und einfach zu kochen. So viele Menschen auf der Welt sind völlig vernarrt in die gastronomisch-verführerische Zusammensetzung von Erdnussbutter und Marmelade. Aber wie Sie vielleicht schon wissen, ist Marmelade, die normalerweise in Gläsern verkauft wird, voll von Zucker und Konservierungsmitteln. Sie ist auf keinen Fall Keto-konform.

Dieses Rezept wird Ihnen etwas bieten, dass genauso gut ist, ohne dass Sie Ihre Keto-Diät gefährden. Anstatt von Marmelade oder Konfitüre werden wir etwas Besseres benutzen: Himbeeren. Diese sind tolle Snacks, wenn Sie sich mitten am Tag nach etwas

Süßem sehnen. Sie sind auch ein leckerer Nachtisch, auf den man sich während der Mahlzeit freuen kann.

Portionen: 12

Zubereitungszeit: 5 Minuten

Kochzeit: 10 Minuten

Makros pro Portion:

- Energie: 233 kcal

- Kohlenhydrate: 4.5 g

- Fett: 21.8 g

- Protein: 3.9 g

Zutaten:

- 240 ml Wasser

- 180 g Erdnussbutter

- 95 g Himbeeren

- 160 g Kokosöl

- 1 TL Gelatine

- 6 bis 8 EL Keto-konformer Süßstoff

Anleitung:

1. Die Mulden einer Muffinform mit 12 Silikon- oder Papierförmchen auslegen.

2. Einen mittelgroßen Topf nehmen und ihn auf eine mittlere Flamme setzen. Himbeeren und Wasser in den Topf geben, und zum Kochen bringen. Dann die Hitze verringern, und fünf Minuten köcheln lassen. Dann die Himbeeren mit einer Gabel zerquetschen.

3. Ihren bevorzugten Süßstoff je nach Geschmack einrühren. Die Gelatine dazugeben, und mit einem Schneebesen schlagen. Dann abkühlen lassen.

4. In einer mikrowellensicheren Schüssel Erdnussbutter und Kokosöl

vermischen. Auf hoher Flamme etwa 30 bis 60 Sekunden kochen, bis die Mischung völlig geschmolzen ist. Extra Süßstoff zufügen, wenn gewünscht.

5. Etwa die Hälfte der Erdnussbutter Mischung nehmen, und auf dem Boden der 12 Förmchen verteilen. In den Gefrierschrank geben, und etwa 15 Minuten abkühlen lassen. Dann die Himbeer-Mischung in die Förmchen geben, und die restliche Erdnussbutter-Mischung darüber verteilen.

6. Die Cups in den Kühlschrank stellen, bis sie fest geworden sind. Bis zum Verzehr im Kühlschrank aufbewahren.

Guten Appetit!

Keto Müsli und Erdnussbutter

Wer sagt, dass Müsli immer ein großes Tabu ist, wenn man der Keto-Diät folgt? Es ist immer so wohlig, wenn man ein Weck Glas oder eine Brotdose öffnet, und köstliches Müsli mit all seinen Lieblingszutaten findet. Selbst auf der Keto-Diät können Sie immer noch das wohlige Gefühl erleben, eine Tasse von leckerem Müsli zu essen. Dieses Rezept nimmt bewusst nicht echtes Müsli, da Müsli von Natur aus nicht Keto-konform ist. Stattdessen werden wir das Schwergewicht auf eine Auswahl von fettreichen Nüssen setzen, die für richtige Beschaffenheit und Geschmack sorgen.

Außerdem, wenn Sie ein Erdnussbutter-Liebhaber sind, dann werden Sie sich in dieses Rezept verlieben.

Portionen: 12

Zubereitungszeit: 10 Minuten

Kochzeit: 30 Minuten

Makros pro Portion:

- Energie: 340 kcal
- Kohlenhydrate: 10 g
- Fett: 30 g
- Protein: 10 g

Zutaten:

- 210 g Mandelmehl
- 190 g Pekannüsse
- 85 g Erdnussbutter
- 1 100 g Mandelmehl
- 35 g Sonnenblumenkerne
- 65 g Keto-konformer Süßstoff

- 20 g Whey Pulver (Proteinpulver) mit Vanillegeschmack

- 60g Butter

- 60 ml Wasser

Anleitung:

1. Ofen auf 150°C vorheizen.

2. Ein Backblech mit hohem Rand mit Backpapier auslegen.

3. Mandeln und Pekannüsse in eine Küchenmaschine geben, und sie verarbeiten, bis sie eine grobe, krümelhafte Beschaffenheit erreicht haben.

4. Die verarbeiteten Nüsse in eine große Schüssel geben und Mandelmehl, Süßstoff, Sonnenblumenkerne und Protein-Pulver hineinmischen.

5. Erdnussbutter und Butter in eine mikrowellengeeignete Schüssel geben. Die Schüssel in die Mikrowelle stellen, und Erdnussbutter und Butter schmelzen. Darauf achten, es nicht anbrennen zu lassen.

6. Geschmolzene Erdnussbutter- und Buttermischung über die Nusskrumen gießen. Gut miteinander vermischen.

7. Mischung gleichmäßig auf dem vorbereiteten Backblech verteilen. 30 Minuten backen, und vor dem Servieren abkühlen lassen.

Guten Appetit!

Hausgemachte Speckgrieben (Schweine Schwarte)

Hausgemachte Grieben hören sich vielleicht kompliziert an, aber Sie brauchen sich nicht eingeschüchtert zu fühlen. Dieses Rezept wird Ihnen zeigen, dass sie diese fantastische, exotische Speise am heimischen Herd herstellen können. Grieben oder Schweineschwarten sind wirklich gesunde und schmackhafte Happen, die für Leute, die eine Low-Carb oder Hochfett-Diät und Protein-Diät machen. Egal, ob sie die Keto- oder Paleo-Diät machen – dieser Snack ist für Sie genau das Richtige.

Das Rezept ist wohl einfach, aber es ist zeitaufwendig. Das ist nicht gelogen. Sie sollten sich jedoch nicht einschüchtern lassen. Und wenn Sie erst diese Grieben essen, wird Ihnen bewusst, dass es all Ihre Mühe wert war. Sie sind SO unglaublich!

Portionen: 4

Zubereitungszeit: 30 Minuten

Kochzeit: 3 Stunden und 20 Minuten

Makros pro Portion:

- Energie: 152 kcal
- Kohlenhydrate: 0 g
- Fett: 9 g
- Protein: 17 g

Zutaten:

- 1 500 g Schweine-Schwarte, Haut und Fett
- Meersalz, nach Geschmack
- Pfeffer, nach Geschmack
- Zusätzliches Öl oder Schmalz (falls erforderlich)

Anleitung:

1. Ofen auf 120°C vorheizen. Ein Backblech nehmen, und ein Backgitter daraufstellen.

2. Ein sehr scharfes Messer nehmen, und die Schwarte in lange Streifen schneiden. Die Streifen sollten etwa 5 cm breit sein. Den Flomen (die fette Portion) jedes Streifens alle fünf cm oder so einritzen. Das scharfe Messer vorsichtig zwischen Haut und dem Flomen einführen. Ein Stück des Flomens entfernen. Es ist okay, wenn eine dünne Schicht Flomen auf der Haut bleibt.

3. Sobald das erste Stück Flomen vom Streifen geschnitten worden ist, ist es einfacher, wenn Sie das befreite Stückchen Haut mit einer Hand festhalten, während die andere das

nächste Stück Flomen entfernt. Weitermachen, bis der Streifen fettlos ist. Wie vorher erwähnt, ein bisschen Fett darf auf der Haut bleiben, aber es darf wirklich nur eine SEHR dünne Schicht sein.

4. Sobald der Flomen erfolgreich von der Haut entfernt worden ist, jeden Streifen in 5 cm Quadrate schneiden. Diese Haut-Quadrate mit der Fettseite nach unten auf das Backgitter legen.

5. Die Stücke drei Stunden backen, oder bis die Haut ganz ausgetrocknet ist;

6. Wenn Sie daran interessiert sind, den Flomen zu benutzen, um die Grieben weiter zu kochen, dann Flomen in einen großen Topf geben. Topf auf eine niedrige Flamme stellen. Flomen sehr langsam erhitzen, bis es flüssig geworden ist. Dieser Vorgang dauert

etwa zwei Stunden. Das ist die Methode, die Sie in Zukunft benutzen können, wenn Sie Schmalz zum Kochen benutzen wollen. Wenn noch Fleischstückchen darin sind, mit einem Löffel herausnehmen, und entweder wegwerfen, oder als Topping für Salate benutzen.

7. Sobald die Schwarte fertig gebacken ist, das ausgelassene Fett erhitzen. Es sollte etwas ein Drittel des Topfes füllen. Darauf achten, dass das Öl sehr heiß ist, aber nicht bis zum Punkt wo es Blasen bildet.

8. Die Schwarten Stücke systematisch ins Öl geben, bis sie anfangen, Blasen zu werfen und anschwellen. Dieser Vorgang sollte etwa drei bis fünf Minuten dauern. Sobald sie gekocht

sind, sie vom Öl entfernen, und auf einen Teller mit Küchenpapier geben.

9. Mit Salz und Pfeffer würzen.

Guten Appetit!

<u>Avocado Eier Salat</u>

Wenn Sie der Keto-Diät schon länger folgen, dann kann man schon fast wetten, dass Sie wahrscheinlich schon so viele Eier und Avocados gegessen haben, dass Sie sie jetzt satthaben. Gewiss sind diese beiden Nahrungsmittel nicht ohne Grund so beliebt – sie schmecken fantastisch, sie sind reich an Omega-3 Fettsäuren, und obendrein sind sie sättigend. Aber manchmal kann man es auch mit den vielen Arten, mit denen man mit diesen zwei Zutaten erfinderisch werden will, übertreiben. Manchmal ist es einfach besser, zum Einfachen zurückzukehren. Eier und Avocados schmecken auch ohne andere Zutaten wirklich gut. Dieses Rezept erlaubt ihnen, den wesentlichen Geschmack der Eier und Avocados zu schmecken, ohne dass Sie durch andere Zutaten abgelenkt werden.

Der Arbeitsvorgang für dieses Rezept ist ziemlich einfach. Es ist ein vielseitiger Salat, den man ohne Beilagen essen kann. Aber er kann auch als Beilage benutzt werden. Obendrein ist er sehr einfach anzurichten. Sie können ihn sogar in größeren Mengen zubereiten, und ihn fertig im Kühlschrank lagern. Und so machen sie diesen wunderbaren Avocado Eier Salat:

Portionen: 2

Zubereitungszeit: 10 Minuten

Kochzeit: 15 Minuten

Makros pro Portion:

- Energie: 575 kcal

- Kohlenhydrate: 7 g

- Fett: 51 g

- Protein: 20 g

Zutaten:

- 1 mittelgroße Avocado
- 6 mittelgroße Eier
- 115 g Mayonnaise
- 1 TL Dijon Senf
- 1/8 TL Dill
- ½ EL gehackte Petersilie
- Salz, Pfeffer und Zitronensaft, nach Geschmack

Anleitung:

1. Eier in einen großen Topf geben. Wasser in den Topf gießen, bis alle Eier bedeckt sind. Wasser zum Kochen bringen, dann den Herd ausstellen. Deckel auf den Topf setzen, und die Eier im heißen Wasser

10 bis 15 Minuten ruhen lassen (je nach Vorliebe).

2. Die Eier abschrecken, und schälen. Darauf achten, dass die Schale völlig entfernt ist.

3. Eier klein hacken oder zerquetschen. Eier mit Salz und Pfeffer würzen, und beiseitelegen.

4. Avocado zubereiten und längs halbieren. Kern herausnehmen und Avocado schälen.

5. Avocado in einer großen Schüssel zerdrücken, und mit Salz und Pfeffer würzen.

6. In einer anderen Schüssel zerdrückte Avocado, Eier, Senf und Zitronensaft vermischen. Gewürze und Kräuter nach Geschmack dazugeben.

7. In den Kühlschrank stellen, und gut gekühlt servieren.

Guten Appetit!

Acai Mandelbutter Smoothies

Manchmal sind die besten Snacks nicht von fester Beschaffenheit. Manchmal erfüllt ein leckeres, erfrischendes Getränk den Zweck. Aber die meisten aromatisierten Getränke sind heutzutage voller Zucker und Fettsucht-auslösenden Kohlenhydraten. Diese Kohlenhydrate können auch die Ziele der Keto-Diäthalter stark gefährden. Aber es gibt noch eine Möglichkeit einen erfrischenden Smoothie zu genießen, ohne sich Gedanken über Zucker und Kohlenhydrate, die Sie zu sich nehmen könnten, machen zu müssen.

Dieses Rezept wird Ihnen einen erfrischenden Geschmack anbieten, worin der Wert der Kohlenhydrate nur acht Gramm beträgt. Die geschmackvollen Zutaten wie Avocados, Mandelbutter und Acai Beeren enthalten volle 20 g Fett, was diesen Smoothie zu einer Fettbombe macht. Man braucht nicht einmal künstliche Süßstoffe zu benutzen, um diesem Smoothie einen guten Geschmack zu verleihen.

Portionen: 1

Zubereitungszeit: 5 Minuten

Kochzeit: 0 Minuten

Makros pro Portion:

- Energie: 345 kcal

- Kohlenhydrate: 8 g

- Fett: 20 g

- Protein: 15 g

Zutaten:

- 100 g ungesüßter Acai Püree

- 180 ml Mandelmilch

- ¼ mittelgroße Avocado

- 3 EL Proteinpulver mit Schokoladengeschmack
- 1 EL Kokosöl
- 1 EL Mandelbutter
- ½ TL Vanilleextrakt
- Stevia als Süßstoff (auf Wunsch)

Anleitung:

1. Packung mit ungesüßtem Acai Püree öffnen, und Püree in die Küchenmaschine schütten.
2. Alle anderen Zutaten dazugeben, und pürieren, bis eine glatte Beschaffenheit erzielt ist.
3. Wasser oder Eiswürfel bei Bedarf in die Küchenmaschine dazugeben.

Guten Appetit!

Keto Schokoladen Muffins

Wenn man an einen Schokoladen Muffin denkt, kommt es oft vor, dass man an einen schweren Leckerbissen denkt, wonach man erstmal einen Marathon rennen muss, um die Schuldgefühle zu verbannen. Man würde niemals einen Keto Schokoladen Muffin der Diät-Kost zuordnen, nicht wahr? Nun, das sollten Sie aber. Mit diesem Rezept ist es für Sie völlig in Ordnung, sich ohne Schuldgefühle diese süße Nascherei zu gönnen.

Dieses ist ein Keto-konformes Rezept für Keto Schokoladen Muffins. Machen Sie sich keine Sorgen – sie werden auch wie die Echten schmecken. Aber das ist noch nicht einmal das Beste! Sie werden nicht nur diese Muffins, ohne ihre Diät zu gefährden, genießen können, sie sind auch ganz einfach herzustellen. Es ist möglich, dass Sie fast alle

Zutaten schon in Ihrem Vorratsschrank zur Hand haben.

Portionen: 18 Mini Muffins

Zubereitungszeit: 10 Minuten

Kochzeit: 11 Minuten

Makros pro Portion:

- Energie: 115 kcal
- Kohlenhydrate: 4 g
- Fett: 10 g
- Protein: 4 g

Zutaten:

- 250 g natürliche Mandelbutter (cremig)
- 166 ml künstlicher, Keto-konformer Süßstoff

- 2 EL ungesüßter Kakaopulver

- 2 EL Erdnussbutter Pulver

- 2 große Eier

- 1 ½ TL natürlicher Vanilleextrakt

- 1 TL Backpulver (Natron)

- 45 g zartbittere, zuckerfreie Schokoladen Stücken

Anleitung:

1. Ofen auf 180°C vorheizen.

2. Ein Backblech mit Rand nehmen, und ein kleines Muffin-Blech aus Silikon daraufsetzen.

3. In einer großen Schüssel Mandelbutter, Süßstoff, Kakaopulver, Erdnussbutter Pulver, Butter, Eier, Wasser, Vanilleextrakt und Backpulver (Natron) mit einem Handmixer

gründlich mischen. Diese Methode sollte einen ziemlich festen, zähen Teig erzeugen. Schokoladen Stücken unterheben.

4. Teig in 18 Stücke teilen, und diese in die Muffin-Form geben. Falls Sie Muffins in der normalen Größe machen wollen, müssen Sie dementsprechend den Teig aufteilen.

5. Muffins etwa 11 Minuten backen.

6. Backblech aus dem Ofen nehmen, und die Muffins vor dem Servieren auf ein Kuchengitter geben.

Guten Appetit!

Erdbeer-Fettbomben

Sie kennen vielleicht schon das Konzept der Fettbomben, wenn sie die Keto-Diät schon seit einiger Zeit folgen. Ein vorheriges Rezept in diesem Kochbuch ist eine köstliche Schweinespeck und Guacamole Fettbombe. Aber jetzt nehmen wir die Fettbombe in eine andere Richtung. Wir machen sie jetzt süß.

Fettbomben sind immer so verlockend und sättigend. Sie sind voller gesunder Fette, wie der Name schon andeutet, und sie sind wunderbare Snacks vor und nach dem Training. Sogar wenn Sie das Gefühl haben, dass Sie eine extra Kleinigkeit brauchen, um die Arbeitslast des Nachmittags zu bewältigen, sind diese Fettbomben genau das Richtige für ein Mittags-Stärkungsmittel. Diese bestimmte Fettbombe wird mit einer Erdbeer-Grundlage gemacht. Deshalb ist sie so toll, wenn Sie eine Naschkatze sind.

Portionen: 12

Zubereitungszeit: 5 Minuten

Kochzeit: 2 Stunden

Makros pro Portion:

- Energie: 99 kcal
- Kohlenhydrate: 5 g
- Fett: 9 g
- Protein: 1 g

Zutaten:

- 150 g Erdbeeren
- 2 EL natürlicher Honig oder Agavendicksaft
- 1 TL natürlicher Vanilleextrakt
- 170 g Rahmkäse (Zimmertemperatur)

- 4 EL ungesalzene Butter (Zimmertemperatur)

Anleitung:

1. Erdbeeren, Vanille und Honig in eine große Küchenmaschine geben. Mit der Pulsfunktion die Mischung zerkleinern, bis sie eine angenehme, cremige Beschaffenheit erreicht.

2. Rahmkäse und Butter dazugeben. Mit der Pulsfunktion die Mischung wieder glatt und geschmeidig vermischen.

3. Die ganze Mischung in Muffin Formen oder Eiswürfelschalen löffeln. Mindestens zwei Stunden tiefkühlen.

4. Kalt servieren.

Guten Appetit!

Guacamole Dip mit Schweinespeck Chips

Wenn Sie gut aufgepasst haben, werden Sie bemerkt haben, dass die Schweinespeck- und Avocado-Kombination immer wieder benutzt wird. Dafür gibt es einen guten Grund. Diese zwei Superfoods wirken prima zusammen – sie schmecken gut, und sie beinhalten alle lebensnotwendigen Zutaten, die für eine perfekte Keto-Speise unentbehrlich sind.

Und besonders in diesem Rezept lassen wir sie wieder die Stars der Show sein. Dieses Mal werden wir eine Keto-konforme Fassung der traditionellen Chips und Dips machen. Aber anstatt der gewöhnlichen, alten Kartoffelchips, die in irgendeinem Dressing oder geschmolzenen Käse getaucht werden, werden wir Schweinespeck-Chips in etwas der guten alten Guacamole tauchen.

Portionen: 4

Zubereitungszeit: 10 Minuten

Kochzeit: 20 Minuten

Makros pro Portion:

- Energie: 261 kcal
- Kohlenhydrate: 4 g
- Fett: 21 g
- Protein: 14 g

Zutaten:

- 2 mittelgroße Avocados
- 10 dicke Scheiben Schinkenspeck
- 40 g rote Zwiebel, gehackt
- 1 EL Koriander, gehackt
- 1 EL Jalapeños, kleingeschnitten
- ¼ EL Kreuzkümmel, gemahlen

- Meersalz, nach Geschmack

Anleitung:

1. Ofen auf 190°C vorheizen.

2. Ein Backblech zubereiten und mit Backpapier belegen.

3. Jede Schinkenspeckscheibe in Stücke, etwa 7 ½ cm groß, schneiden, und sie flach auf das Backblech legen. Darauf achten, dass zwischen allen ein Abstand bleibt.

4. Den Schinkenspeck etwa 15 bis 20 Minuten backen. Darauf achten, es nicht zu verkochen. Er soll nur genug backen, um braun und knusprig zu werden.

5. Während der Schinkenspeck backt, eine kleine Schüssel für den Guacamole Dip nehmen.

6. Die Avocado in Scheiben schneiden, den Kern entfernen, und sie schälen. Avocado in die Schüssel geben, und die gehackten roten Zwiebeln dazugeben.

7. Avocado und Zwiebeln zusammen rühren, bis die Avocado ganz zerdrückt ist.

8. Jalapeños und gemahlenen Kreuzkümmel dazugeben, dann mit Meersalz abschmecken.

9. Die Speckstücke als Chips benutzen, um in die Guacamole zu tauchen.

Guten Appetit!

Keto Thunfisch-Salat

Wenn es um Einfachheit geht, ist dieses Rezept ein Spitzenreiter. Aber lassen sie sich nicht durch den Schein der Unkompliziertheit täuschen! Dieser Salat hat es in sich. Er ist eine Mahlzeit, die mit Aromen und Nährstoffen vollgepackt ist. Sie werden ihn nie leid werden. Wenn Sie bei einer Feier diesen Salat anbieten, wird er garantiert ein Hit. Er ist auch ein toller Happen, wenn Sie etwas brauchen, um eine Lücke zwischen Mahlzeiten zu füllen.

Portionen: 4

Zubereitungszeit: 5 Minuten

Kochzeit: 0 Minuten

Makros pro Portion:

- Energie: 225 kcal

- Kohlenhydrate: 7 g

- Fett: 16 g
- Protein: 14 g

Zutaten:

- 285 g Thunfisch aus der Dose
- 1 große Avocado
- 1 Stange Sellerie
- 2 Knoblauchzehen, frisch
- 1 kleine rote Zwiebel
- ¼ Gurke
- 3 EL Mayonnaise
- 1 Handvoll Petersilie, gehackt
- 1 EL frischer Zitronensaft
- Salz und Pfeffer, nach Geschmack

Anleitung:

1. Das Gemüse gut waschen, und abtropfen lassen. Wenn Sie es noch nicht getan haben, zerhacken Sie Zwiebel, Sellerie und Gurke in sehr fein.

2. Knoblauch noch feiner zerhacken.

3. Eine große Salatschüssel nehmen, und alle Zutaten, mit Ausnahme der Petersilie, hineingeben. Alle Zutaten vermengen. Darauf achten, dass alles mit Mayonnaise und Thunfisch bedeckt ist.

4. Mit frischer Petersilie bestreuen.

Guten Appetit!

Schlussbemerkung

Wir sind jetzt am Ende dieser schmackhaften und köstlichen Keto-Lebensweise und-Rezepte-Reise angekommen! Hoffentlich haben Sie einen wertvollen Einblick bekommen, der Ihnen zeigt, wie kreativ Sie mit der Keto-Diät leben können. Natürlich werden sie nicht immer alles mögen, was in diesem Kochbuch aufgeführt ist. Und Sie werden sich nicht nur mit den Speisen in diesem Buch begnügen wollen. Wie schon vorher erwähnt wurde, ist Keto eine Lebensweise. Es geht nicht nur um Rezepte, die Sie nachkochen, und die Speisen, die Sie essen. Es geht darum, die Keto-Prinzipien in Ihr Leben zu verankern, sodass sie Ihnen bald im Blut liegen. Das ist die einzige Art in der eine Diät dauerhaft werden kann. Es ist viel einfacher, sich an eine Diät zu halten, wenn man ihre Vorteile völlig versteht, und wenn sich ihre Richtlinien nahtlos in Ihr Leben einfügen.

Am Anfang dieses Buches hat man Ihnen erklärt, wie wichtig die Diät ist, und warum es lebenswichtig ist, dass Sie aufmerksam darauf achten, was sie jeden Tag essen. Sie wollen mit ihrer Nahrungszunahme nicht leichtsinnig sein, weil Sie sich der Gefahr von verschiedenen Krankheiten und Erkrankungen aussetzen würden. So viele Menschen auf der ganzen Welt leiden an verschiedenen Krankheiten, wie, unter anderem, Fettleibigkeit, hohem Blutdruck, Krebs, Muskelschwund, Schlafapnoe, als Folge von schlechten Essgewohnheiten. Die Umstellung auf eine Keto-Lebensweise ist eine Lösung des Problems, und eine Stellungnahme zu diesen Gefahren.

Es ist keinesfalls ein leichter Fortgang. Sie werden sich oft fragen: „Warum mache ich das eigentlich?" Wenn Sie mit Freunden essen gehen, und Sie sehen, wie sie sich mit allem, was sie wollen, vollstopfen, werden Sie sich vielleicht ausgeschlossen fühlen. Der Gedanke, dass Sie Ihre Diät immer sehr streng einhalten müssen, wird Sie vielleicht entmutigen. Es wäre ein Fehler, zu denken, dass dieser Vorgang leicht und einfach sein wird. Das Leben ist kein Wunschkonzert.

Aber es braucht auch nicht so schwer zu sein. Kochbücher wie dieses, und andere Hilfsquellen bestehen. Sie sind da, um Ihnen auf ihrer Gesundheits-und-Wohlfühlreise zu helfen. Wenn auch immer Sie nicht weiterwissen, können Sie immer von Sachmitteln wie diesem inspirieren lassen. Letztendlich brauchen Sie es nicht alles allein zu schaffen. Es wird immer etwas oder jemand zur Hand sein, der gewillt ist, behilflich zu sein.

Die Annahme der Keto-Diät ist möglicherweise eine drastische Änderung der Lebensart, an die Sie gewöhnt sind. Und selbst wenn Änderungen schrittweise und allmählich gemacht werden, ist es sehr ungewöhnlich, dass man sich schnell an sie gewöhnt. Die Umstellung zum Keto-Lebensstil ist drastisch und radikal, was die Schwierigkeit und das Unbehagen noch vervielfältigt. Aber hoffentlich wird Ihnen dieses E-Book gezeigt haben, dass Schlankheitskuren nicht immer langweilig und elend sein müssen. Sie müssen nicht aufzuhören, Ihre Mahlzeiten zu genießen. Mit erfinderischen und neuartigen Rezepten wie diejenigen, die in diesem Buch stehen, können Sie sich immer noch auf die nächste Mahlzeit freuen.

Schließlich wird Ihnen Ihr Körper für jede positive Verstärkung dankbar sein. Sie werden gesünder, fitter und stärker werden, bloß weil Sie sich entschieden haben, diese Umstellung in Ihrem Leben zu machen. Man sagt immer, der Körper ist ein Tempel, und dass man ihn wirklich respektieren muss. Obwohl das ein Klischee ist, ist es trotzdem wahr. Sie müssen wirklich die Verantwortung übernehmen, und darauf achten, dass Ihr Körper gut aufgehoben und verpflegt wird. Niemand anders wird so gut auf Ihre Gesundheit und Ihr Wohl achten, wie Sie selbst.

Zu guter Letzt sollten Sie nicht denken, dass Sie die Rezepte in diesem Buch bis aufs i-Tüpfelchen nachkochen müssen. Es ist wichtig, dass Sie ihre Diät selbst „besitzen". Und das bedeutet, dass Sie sie so einrichten, wie es Ihnen passt. Wenn Sie etwas nach Ihrem eigenen Geschmack dazugeben wollen, um den Geschmack zu verbessern, dann tun Sie es auf alle Fälle. Sie müssen jedoch darauf achten, dass es in den Rahmen der Keto-Diät fällt.

Am Anfang dieses Buches haben Sie eine Liste von Keto-konformer Zutaten zur

Anleitung bekommen. Experimentieren Sie ruhig, und machen Sie, was Sie wollen, solange Sie Keto-gerecht bleiben. Immerhin ist es Ihr Leben, und niemand hat das Recht, Ihnen zu sagen, wie Sie es leben sollen. Es sind Ihre Nahrungsmittel, und niemand kann Ihnen befehlen, wie Sie sie kochen. Also essen Sie gut, leben Sie wohl, und bleiben Sie fit!

Guten Appetit!

AMY MOORE

www.ingramcontent.com/pod-product-compliance
Lightning Source LLC
LaVergne TN
LVHW091538070526
838199LV00002B/119